連鎖地獄

日本を買い占め 世界と衝突し自爆する中国

宮崎正弘
Masahiro Miyazaki

ビジネス社

プロローグ――世界「連鎖地獄」の危機

経済データはフェイク数字の羅列

フェイクニュースの典型的な事件が起きたのをご記憶だろう。二〇一七年八月一日付「産経新聞号外」と偽って「安倍夫妻逮捕」の黒ベタ白ぬきの大見出しがネット上に躍った。悪質な悪戯《いたずら》だ。

じつは中国の経済統計、このフェイクニュースと同類に近い。

帳簿上で中国は「世界一」の外貨準備高を誇り、米国国債を一兆六〇〇億ドル保有する。だから「米国の銀行」と言われる。

ところが中国から外国へ流出したと見られる資金が四兆ドルを超え（米国シンクタンクGFI報告）、手持ち外貨が不足して外国銀行から借りている。外国からの直接投資の外貨を準備高に編入している。ペテンである。中国の公表数字と実態はまったく矛盾している。

中国の外貨規制は凄《すさ》まじいほど度を超しており、海外企業や不動産買収は前年比四五％減だが、中国共産党高官らの巧妙な手口による海外流出がとまらない。直近でも中国はロシア最大の資源企業「ロスネフチ」の大株主となった。コンゴのコバルト鉱山企業の大株主になるため二六億ドルをぽんと支払った。コバルトは次世代電気自動車のバッテリーの要となるレアメタルだ。このように国家戦略が絡む案件は外貨規制の例外なのである。王《おう》岐山《きざん》とコネの強い「海航集団」の海外資産買収は何の規制もかからずに許可された。

西側の金融関係者の間には「パナマ文書」で暴露された中国富裕層の海外口座への隠匿という実態があまねく知れ渡った。

「中国の富裕層トップ一〇〇家族の蓄財は少なく見積もって四五〇〇億ドル（邦貨換算五〇兆円弱）に達する。一家族平均が四五億ドルになる。他方、およそ三億の中国人が一日二ドルで暮らす。中国で現実に起きている富の寡占状況である」

こう書くのはバスチアン＆フレデリック・オベルメーヤー共著『パナマ文書』である（原書『PANAMA PAPER』、ONEWORLD、ロンドン刊）

習近平《しゅうきんぺい》の義兄である鄧家貴《とうかき》（姉＝斉橋橋の夫）や温家宝《おんかほう》（前首相）夫人と息子の不正蓄財はニューヨークタイムズなどが報じた。前掲書に拠れば、両家だけで少なくとも一〇億ドルから四〇億ドルが英領ヴァージン諸島などを通じて海外に持ち出され不動産投資、企業買収などに消えた。

英領ヴァージン諸島における法人登記は代理人の法律事務所、あるいは法人名で行われているため実態の調査には時間がかかる。これらの情報はブルームバーグやニューヨークタイムズが報じた。このため両メディアの北京特派員は延長ビザが更新されなかった。真実を書いたからだ。

ワシントンのシンクタンク「グローバル・フィナンシャル・インタグリティ」（ＧＦＩ）が出した報告書（二〇一七年四月版）の「発展途上国から不正に流れ出した資金」に拠ると二〇一四年までに「中国から不正に流れ出したと見られる資金」は四兆三〇六三億二六〇〇万ドル（邦貨換算四七三兆円強。じつに日本のＧＤＰの八八％に匹敵）と見積もられている。

失脚した薄熙来《はくきらい》、谷開来《こくかいらい》夫妻の息子＝薄瓜瓜《はくかか》はハーバード大学留学時代、寄宿先が二四時間ガードマン付き豪華マンション（屋内プールあり）で、フェラーリを乗り回していた。このどら息子が毎月使ったカネは父親の年収に該当した。

こうした情報は中国のネット、検索エンジンで接続できなくなっている。そのソフトを米国のＩＴ企業が提供しているのだから困ったものである。米国のＩＴ産業がこぞってトランプの中国政策に反対するのは中国市場を巨大と思いこみ、まだまだ中国から稼げると考えているからだ。先端的な多国籍企業、たとえばマイクロソフトはウインドーズの秘密コードを中国に公開した。フェイスブックは中国向け検閲ソフトを完成させて中国のネット監視に協力した。これらの多国籍企業は利益をタックスヘイブンで運用し、米国に納税しない。つまりグローバリストにとっては「米国にちゃんと納税せよ」とするトランプは稼ぎの邪魔であり、リベラルなメディアと組んで、トランプ批判を展開しているのが実態である。それが時に度を超してフェイクニュースとなる。

こうした中国からの外貨のエクソダスが次に何をもたらすだろう?

中国崩壊論は消えて、持ち直していると言いふらす一群のエコノミストがいるが、「公式統計」をうっかり信じているからだろう。何が本当のことなのか、その識別によって中国の未来予測は天国か地獄かに別れる。

二〇一七年上半期、中国の外貨準備は三〇%近い激減となり三兆五一六億ドル(邦貨換算で三四八兆円)となった。

第一に輸出減によってドルの収入が減っていること。

第二に外国企業の直接投資が漸減《ぜんげん》傾向にあること。

第三に人民元暴落を防ぐために当局がドル売り、人民元買いを実施した。

第四に年間九〇〇万バーレルの石油輸入代金はおよそ一五〇〇億ドルの出費である。

だからドルの外貨準備は加速度的に減少するのだ。

中国はすでに外貨急減に頭を抱えており、海外旅行に際しての持ち出し制限、ドル両替の規制、銀聯カードの上限設定などを一六年春から実施してきた。そのうえ海外からの土産に法外な課税を行ったため中国人の爆買いは「突然死」を迎えた。

あまつさえ資本規制を導入、すなわち海外送金の上限を五〇〇万ドルに設定したため中国企業の海外企業買収のテンポが急減した。くわえて外国企業の利益送金が制約され始めたため日本企業の利益還元にも多大の支障が出た。さらにはマカオとシンガポールのカジノホテルで一部のＡＴＭが満額を使えなくなった。博打ごときに貴重な外貨を使うなというわけだ。

帳簿上は誤魔化しているにせよ、中国の外貨準備は事実上、マイナスに転落しているはずである。かろうじて命脈を保っているのは輸出攻勢、それもダンピング輸出で当座のドルを確保しているからと推測される。

ということは真実がバレると中国経済はたちまち破綻する。そのときはリーマン・ショックの一〇倍を超える超ド級の金融パニックが発生し、世界恐慌に発展する恐れがある。まさに本書のタイトルのように世界「連鎖地獄」という未曽有の事態を招きかねないのだ。

しかし米国は対中貿易赤字の肥大化を前にして通商法三〇一条適用を検討し、さらには北朝鮮の核武装に協力した中国の銀行、企業への制裁を強化した。

二〇一七年十月十八日から第一九回中国共産党大会が開催され、同月二十五日の一中全会で新執行部が選出された。

第一九回党大会の注目点

「習近平の独裁が固まった」と各国のメディアが書いた。「新毛沢東の登場」などと称賛したアジアの新聞もあれば、逆に「脆弱な空の城」としたメディアもあった。

中国共産党が次の五年の政治路線、戦略目標と新人事を決め、政治局の顔ぶれを見ると、習近平派ががっしりと権力を固めたように見える。鄧小平《とうしょうへい》の「養光韜晦《とうこうようかい》」（爪を隠せ）から、むき出しの野心を露骨に謳《うた》ったのが習近平報告だった。

党大会に先立って二〇一七年十月十四日、北京の軍施設で非公開に開催されていた中国共産党第一八期中央委員会第七回全体会議（七中全会）では重要議題が調整され、同時に孫政才《そんせいさい》（前重慶市書記）ら十二名の中央委員ら高官の「党籍剥奪」が確認された。

コミュニケでは習近平総書記の名前を表記した「政治理念」が紹介され、党内で揉め続けてきた難題、すなわち習近平の名前を冠する政治理念が党規約に明記される見通しとなっていた。

これまで党規約に個人名を冠した理念が書き込まれるのは毛沢東《もうたくとう》と鄧小平の二人だけで、党大会で承認されるとなると、習近平の権威は江沢民《こうたくみん》元総書記（三個代表論）や胡錦濤《こきんとう》前総書記（近代的発展観）を凌駕することになる。

そして同月十八日から中国共産党第一九回党大会は北京の人民大会堂で開幕した。冒頭の政治報告で習近平総書記は二〇三五年までに「社会主義の現代化」を実現し、建国一〇〇周年を迎える二〇四九年ごろには総合的な国力や国際的な影響力を高めた「社会主義現代化強国」を実現する等と報告した。この報告は年初に習近平が趙楽際に命じ、趙楽際は部下の曲青山に部下を総動員しての起草を委託し、十ヶ月かけて練り上げた文面だそうな。

政治報告の骨子は次の通りである。
一、過去五年間、歴史的な変革と成果があがった。しかし実体経済のレベルは低く、環境保護や貧困対策も十分とは言えない。とくに就労、医療、高齢化など難題がある
一、虎も蝿も叩くと謳った「反腐敗運動」により、党の創造力、団結力、戦闘力は明確に増強された
一、党の指導と社会主義制度を堅持し、「中華民族の偉大な復興」に向け、中国の特色で

ある社会主義を発展させる。
一、法治を推進し、同時に中国軍を世界一流となし、中国の特色ある大国外交で新たに三五年までに社会主義現代化を実現し、今世紀半ばに「社会主義現代化強国」を実現する。
一、市場化など経済の現代化を進め「一帯一路」の建設を核として、国内外で経済の開放政策を堅持する。

横にいた江沢民が何回も欠伸したように、党大会冒頭の習近平報告は三時間半もの長さにもかかわらず内容の薄っぺらさが目立った。外国メディアは予想以上の酷評をなし、欧米メディアの一部は無視した。

延々と、そしてだらだらと三時間半。結局、習近平報告は「二〇三五年までに軍事力の現代化を図り」、そして「二〇五〇年には世界に影響を与える強国となる」という薔薇色のシナリオを語ったに過ぎない。具体的政策は語られず、あろうことか北朝鮮問題には一言も触れずじまいだった。

一番の酷評はインドからだった。「特別なことはなく新鮮みに欠けた」(「ザ・タイムズ・オブ・インディア」、十月十八日)

在米華字紙の「博訊新聞」は「古い話と重複が多い」。

ニューヨーク・タイムズは同日付けで「トランプと北朝鮮への言及はなく、経済の変革を謳ったが、（経済制度の）再編・改編に触れず、『強国』を二六回も使用した代わりに、『市場』という語彙は一九回に過ぎなかった。胡錦濤は二四回、江沢民は五一回使ったものだったが……」

ワシントン・ポストも紙面を大きく飾らず、共和党系のネット新聞に到っては、一行の報道も分析もなかった。

英国の『インデペンダント』紙は「『新時代』というキャッチフレーズが三六回も登場したうえ、二〇五〇年に（米国に伍せる）世界的影響力をもつ強国」と述べただけである」と冷たい。

他の英国メディアであるファイナンシャルタイムズ、ガーディアン、タイムズなどは小さな扱いでしかなかった。

ロシアも無関心を装い、「スプートニク」が小さな扱いで軍事関係に絞り込み「中国は軍隊の近代化を急ぎ、『一つの中国』という原則を堅持し、しかし他国の主権を侵さず、他国に犠牲を強いることはないと演説した」と淡々と報じただけだ。

シンガポールの『ストレートタイムズ』は、「習近平演説は野心的である」として、二〇五〇年ヴィジョンを唱えているが、最後の箇所で「『若者』『新世代』に言及しており、中国の新世代が理想を高く才能を磨き、責任感を認識すれば、二〇五〇年ヴィジョンは達成できると演説をしている」と、独自の視点から指摘している。
台湾の『自由時報』は、この時点で次期執行部の人事予測を展開し、習近平、李克強《りこっきょう》留任のほか、汪洋《おうよう》、胡春華《こしゅんか》、韓正《かんせい》、栗戦書《りっせんしょ》、陳敏爾《ちんびんじ》がチャイナ・セブン入りするだろう、とした。とくに同紙が具体的に汪洋は全人代委員長に、胡春華は党中央学校長と副主席、そして党軍事委員会副主席も兼ねることになろうと大胆な予測を展開したのだが、胡春華と陳敏爾はみごとに外れた。もっとも日本の毎日新聞は十月十七日の一面トップで「陳敏爾が政治局常務委員になる」と書いたため、多くのチャイナウォッチャーから失笑を買う結果となった。

新執行部は十月二十五日に発表された。その日、筆者は南アフリカの首都プレトリアに滞在していた。ホテルの部屋でテレビを入れると北京からの中継番組があり、中国共産党政治局常務委員のメンバー、つまり新執行部7名が雛壇に並んでいた。南アは午前六時、北京時間は正午。習近平をクローズアップした画面の次は長々と記者席である。
（なぜ記者団を映し出すのか？）と思った。知っている顔を捜すが、産経もBBCもいない（帰国後、北京の気に入らないメディアは記者会見に出席できなかったことを知った）。

それより習のほかの六人のメンバーは誰々か、画面を五分ほど睨《にら》んでいると全員の顔がようやく映りだされ、習の隣が李克強、ついで意外にも三番手が栗戦書。四番目が実力者の汪洋、そして趙楽際《ちょうらくさい》、韓正、王滬寧《おうこねい》とでてきた。

この人事は筆者の予想通りである。

発表の三日前に筆者は主宰するメルマガに次の記事を掲げていたのだ。

「（中国語メディアなどの情報を総合すると）期待の新星、胡春華、陳敏爾はそろって常務委員会入りを果たせず、また王岐山の勇退はほぼ本決まりという。習近平、李克強にくわえての五人とは栗戦書、汪洋、趙楽際、韓正、そして王滬寧だという。となると栗、趙、王は習近平派。汪洋だけが団派。そして韓正は上海派。三派鼎立のバランスを維持したかに見せながらも、習派を確実に多数派としていることに

18人の新政治局員

★は習近平派とされる幹部

氏名	年齢	主な肩書
★丁薛祥	55	総書記弁公室主任
王　晨	66	全国人民代表大会副委員長
★劉　鶴	65	中央財経指導小組弁公室主任
★許其亮	67	中央軍事委員会副主席
孫春蘭	67	中央統一戦線工作部長
★李　希	61	遼寧省党委書記
★李　強	58	江蘇省党委書記
李鴻忠	61	天津市党委書記
楊潔篪	67	国務委員
楊暁渡	64	監察相
★張又俠	67	中央軍事委員会委員
★陳　希	64	中央組織部筆頭副部長
陳全国	61	新疆ウイグル自治区党委書記
★陳敏爾	57	重慶市党委書記
胡春華	54	広東省党委書記
郭声琨	63	中央政法委員会副書記
★黄坤明	60	中央宣伝部筆頭副部長
★蔡　奇	61	北京市党委書記

（注）年齢は17年10月末、肩書は第19回党大会開幕時点

留意すべきだろう」。

さて新執行部のメンバーを見渡して、政治力があると思われるのは汪洋くらいだ。ほかは一癖も二癖もありそうだが、政治的パワーは目立たない政治家ばかりではないか。

党大会で「習思想」を認めさせたように、これは習近平ファシズム体制の構築に他ならず、ついで政治局の新しい顔ぶれをみると、習近平派が十名。残り八名が辛うじて共青団と上海派。注目は国務委員の楊潔篪《ようけつち》と経済ブレーンの劉鶴、そして辣腕女性政治家の孫春蘭が入ったくらいだろう。

むろん、後継者をトップ・セブンには加えず、政治局員として留任の胡春華と、三段跳びを噂された陳敏爾のふたりも政治局常務委員会入りは見送られ、後継を明確化しないことで習近平派圧勝の図式となった。

とはいえ、習の独裁体制に見える中国の権力構造は空の城、やがて実力と背景のない独裁は高転びに転ぶ怖れが強くなったとも言えるだろう。

第三章　国内開発プロジェクトも支離滅裂

第四章 権力闘争とは利権争奪戦でもある

第五章　中東、中南米、アフリカでも止まらない「反中国感情」

エピローグ——日本を間接侵略せよ

第一章

「債務爆発」という悪夢

第一節　粉飾の「バベルの塔経済」が崩壊する

粉飾経済で壊死状態

小さなガン細胞が早くから発見されていたのに間違った処方箋《しょほうせん》によってガン細胞を拡大させ、壊死《えし》状態にしてしまった。

中国の経済政策は真実を徹底的に隠し、安全だ安全だと空虚な言葉を繰り返している構図である。真っ黒な空と汚染された空気の北京で、「環境問題はありません。明日には快晴、きれいな空気に戻るでしょう」と言っても誰も信じないようなものである。

中国経済のピークは二〇一一年だった。

この年、中国のＧＤＰは日本を抜いて世界第二位となったと発表された。庶民も心理的に高揚し、強気だった。大きな夢を語ったのも、北京《ペキン》五輪の成功があり、上海《シャンハイ》万博、広州《こうしゅう》アジア大会と連続的なイベントの成功が手伝って「大国意識」が急速に拡大したからだった。ついには「日本は相手にしない。これからは米国をしのぐのだ」と気宇壮大な幻想を信じた人も多かった。背景には軍事力の拡充も手伝った。

しかし同時に悪性のガンが静かに進行していた。それも確実に死に至る病、手の施しようがない。

GDP世界第二位さえ誇大な宣伝であり、数字の信憑性《しんぴょうせい》はほとんどないと見て良い。いずれ中国のGDPランキングはインドに抜かれ、日本とドイツが回復すれば、第五位に転落する可能性さえある。

中国では歴史が政治プロパガンダであるように外国からの直接投資を維持するために大《おお》嘘《うそ》を吐き続ける必要があった。

経済がゾンビ化しているのに、なお延命している理由は壮大な嘘にだまされて外国企業が投資を続けているからである。たとえばホンダは武漢《ぶかん》に六番目の新工場を建てるが投資額は五〇〇億円にのぼる。BMWは瀋陽《しんよう》の工場を二倍規模に拡大する。

バブルが崩壊しないのは政府が強権的政策発動を繰り返し、投資家に「暗黙の保障」を与えているからである。不動産価格の暴落が始まったら「政府は嘘をついた」として大暴動が起こることは確実な情勢だからである。

共産主義国の経済統計は基本的にデタラメなのだ。

ソ連の経済統計が革命から七二年間、まったくのフェイクだったことは広く知られる。ノルマ達成だけが目的の数字をそのまま経済統計に用い、あとは作文と辻褄《つじつま》合わせだった。たとえばある鉄工所では原材料の鉄鉱石の割り当てが一〇〇トンなのに生産が二〇〇トンと報告される。アルミが原材料から五〇トン精製されるとすれば一〇〇トンと誇大な嘘が平気で報告された。在庫を確認しにくる係官は賄賂《わいろ》をもらって口をつぐむ。そもそも炭鉱事故があると現場に飛ぶ新聞記者が開口一番、会社幹部に「書かない原稿料」を請求するのが中国の所謂《いわゆる》「ジャーナリスト」の特徴だ。中国に理解の深い日本経済新聞とて「GDP統計に水増し」(一七年九月二十三日)と見出しを打ったほどだ。

共産主義の一党独裁というシステムはこのような腐敗によって腐食が深化し、やがて腐乱が進み破局を迎える。なにしろ国家統計局長が逮捕される国である。経済データを誤魔化し、地方政府幹部らから賄賂を得て粉飾に手を貸していたからだ。

ソ連の経済データが嘘・偽りの満艦飾だったように独裁体制の全体主義のもとではいかなる偽造・捏造《ねつぞう》・改竄《かいざん》もやり放題。歴史を創作・捏造するのと同じ感覚である。

こんな中国が二〇二五年に米国をGDPで凌駕《りょうが》し、二〇四〇年ごろには軍事力で米国と覇権を競うようになると豪語している。中国ばかりかＩＭＦまでが、それに近似した予測を繰り出している。ＩＭＦは親中派の巣窟《そうくつ》になってしまったのか。

中国の傲慢《ごうまん》を許したのは米国の経済力と軍事力の衰弱によってアジアに真空地域が出来たからだ。トランプ大統領がいかに声高に米軍の再建を獅子吼《ししく》しようとも米国のパワーの衰退は防ぎようがなく、かといってロシアの復活もＥＵの再度の興隆も考えにくい。

パラダイムシフトという大変化の荒波が極東の安全保障の地図を塗り替えている現実を見れば、経済的分野のみならず国家安全保障上、最大の脅威が中国であることも明白である。

「一帯一路」は世界の外交秩序と経済秩序をかき乱す

中国の軍拡によるアジアの安全保障の秩序擾乱《じょうらん》は同時に経済秩序にも、旧秩序の破壊を企図する中国によってパラダイムシフトが起こるだろう。

中国は戦後経済体制の基軸であるＩＭＦ・世銀システム（ブレトンウッズ体制）に搦《から》め手から挑戦し、ＡＩＩＢ、ＢＲＩＣＳ銀行を創設した。この究極の狙《ねら》いはドル基軸体制に挑戦し、人民元基軸体制に世界の経済秩序を変えることだ。

二〇一六年十月からは人民元をＳＤＲに無理やり参入させた。

一方で、南シナ海に海洋覇権を構築しつつある。そして中国が狙う新世界秩序建設の具体的な両輪が「一帯一路」とＳＣＯ（上海協力機構）である。

中国が「世紀のプロジェクト」と豪語する「一帯一路」、北京で会議は踊ったが、もし予定通りに遂行されるとすれば二〇三〇年までのプロジェクト総額は二六兆ドル（二九〇〇兆円）になる。天文学的数字、というより大風呂敷だ。

二〇一七年五月十四日から北京では習近平の政治生命をかけた「一帯一路フォーラム」が開催され、プーチン、ドゥテルテ（比大統領）、アウンサン・スーチー、エルドアン（トルコ大統領）、ナゼルバエフ（カザフスタン大統領）、シシ（エジプト大統領）ら二九ヶ国の元首クラスが参加した。しかし米国からはトランプ特使としてポティンガー代表、日本からも経団連会長と自民党幹事長等が参加しただけで、宿敵＝インドは出席を拒否した。

習近平は基調演説で「アジア、欧州、アフリカのすべての国に裨益《ひえき》する」と豪語してみせたが、直前の「祝砲」は北朝鮮からだった。金正恩《キムジョンウン》は開催当日の午前五時半、日本海へ向けて新型ミサイルをお見舞いし、習近平の顔に泥を塗った。

中国は具体的プロジェクトに一一三〇億ドル（邦貨換算で一三兆円）を追加支出するとした。これは中国の壮大にして巨額の打ち上げ花火、未曾有《みぞう》の金額、それこそ天文学的な数字が鼓吹されたが、起債の裏付けは何もなく、中国の銀行が「シルクロード基金」に追加出資を余儀なくされた。中国開発銀行が二五〇〇億元（四兆円）、中国輸出入銀行が一三〇〇億元（二兆八〇〇億円）を追加融資するのである。

シルクロード基金は四〇〇億ドルの規模で設立され、いままでに六〇億ドルを一五のプロジェクトに投資し、二〇億ドルをカザフスタンのプロジェクト投資に充てる。この基金も六〇〇億ドル増資するとした。

ＡＩＩＢ（アジアインフラ投資銀行）の資本金は一〇〇〇億ドルだが、現在までに決まった融資は僅《わず》か二〇億ドル。そもそもＡＩＩＢはまだスタッフが一〇〇人しかおらず（二〇一七年十月現在）、客観的で厳密な審査作業ができる状態ではない。銀行としての機能がない。日米はこの妖《あや》しげな銀行には参加しない。

ＢＲＩＣＳ（ブラジル、ロシア、インド、中国、南ア）のほうは原油価格低迷で蹉跌《さてつ》している。しかも一七年九月四日からの「ＢＲＩＣＳ厦門《アモイ》会議」の初日、北朝鮮は核実験を強行し、ふたたび習近平の顔に泥を塗った。中国にとって北朝鮮の位置づけは「緩衝地帯」から「悪夢」となった。

ＢＲＩＣＳは設立動機がそもそも不純である。中国がロシアと組んでＧ７に一泡吹かせようと新興工業国家が集合しただけで、参加国のロシア、ブラジル、インド、南アはそれぞれ政治体制が異なり、資源リッチとプアに別れる。加盟国の利害の一致点は経済、技術協力くらいだろう。

九月のBRICS会議にはオブザーバーとしてメキシコ、タイ、タジキスタン、エジプト、そしてギアナが加わったが、これら五ヶ国の正式加盟は見送られた。そのうえで習近平は追加で七六〇〇万ドルをつぎ込み「われわれは保護貿易主義に反対してゆこう」などと宣誓した。

日本が主導するADB（アジア開発銀行）が、AIIBとBRICS銀行を問題視したのは計画投資額と現実に投資された金額との巨大な乖離《かいり》だ。このギャップこそ中国お得意の大風呂敷でしかないことがわかる。

人民元の脆弱性を自覚している中国

中国の経済が破綻《はたん》していることは世界情報に日ごろから接し、しっかりした目を持っている人なら、公表されている数字からでも簡単に読み解ける。

エコノミストの一部に「中国が保有する米国債を市場で売却されたらたいへんなことになる」とまことしやかに恐怖論を説く人がいる。筆者は前々から「おそるに足りず」と発言してきた。すでにこの資産を担保に中国は外貨を借りているからだ。

米財務省統計（一七年八月十五日）に拠れば米国の赤字国債保有は、中国がふたたび日本を抜いて第一位に返り咲き、一ヶ月で四四三億ドルを増やしていた。ちなみにロシアは同期間に六〇億ドル分を売却し保有高は一〇二九億ドルとなった。ロシアは一八年に大統領選挙を控え、経済的困窮からの克服が優先課題となっているため政治的に米国に対抗するポーズを示す必要がある。

しかし米国との競合に明け暮れ、二〇四〇年には米国を凌駕するなどと豪語している中国が、しかも一六年十月にはＩＭＦのＳＤＲ通貨に参入したにもかかわらず、なぜ米国債権を増やす必要があるのか。

モスクワ大学の経済学教授アレキサンドル・ブズガリエは「プラウダ」（英文版、八月十六日）の質問に答え、「中国はドルが必要だからさ」と単純明快に背景を説明している。

人民元決済圏のラオス、カンボジアなどを別として、中国の輸出先はアメリカであり、しかも多くの国々との決済はドル基軸であり、通貨スワップを行っている香港、マカオ、マレーシアなどでも人民元建ての貿易は少ない。豪語していることと矛盾しているが、中国はドル基軸体制のなかで、経済活動を維持せざるを得ないという自国通貨の脆弱《ぜいじゃく》性を自覚しているのである。

債務は経済核爆弾だ

津上俊哉《つがみとしや》『「米中経済戦争」の内実を読み解く』（PHP新書）は、「中国で中央財政の赤字が急増」している実態に格段に留意し、次のように論を展開している。

「短期の崩壊は考えられないが、長期の見通しは悲観的」である。実際に民間における経済活動で、新商売を発明し、実践し、その「消費、サービスの領域では新しいIT技術、シェアリングエコノミーといった新しいビジネスモデルを使った私営企業中心の『ニューエコノミー』が急速に成長している。この分野では、既に日本は凌駕されている」という分析には賛成である。

アリババの通信販売の躍進、バイクシェア、空車手配など、末端では急速にスマホが中国社会を変えており、庶民はじつに敏感。だから仮想通貨ビットコインは中国人が世界の九割も買ったのだ。

ところが「長厚重大、原料素材といった領域では国有企業が中心の『オールドエコノミー』が投資バブルの産んだ過剰な設備や負債を抱えて著しい苦境に陥っており、リストラは必須である」と津上氏はいう。この分析はチャイナウォッチャーの間にほぼ共通の認識である。深刻な、というより驚くべき数字が次に出てくる。それは過度の設備投資、不動産への投機、くわえて中国政府のインフラ投資のツケである。

「二〇〇九年から二〇一六年までの八年間に行われた固定資産投資の累計額は三二〇兆元。これが二〇一八年第一・四半期までには四〇〇兆元に達するだろう。日本円に換算すれば約六八〇〇兆円に相当する。気の遠くなるような数字だ」（津上前掲書）。

つまり経済成長のノルマ達成のため、せっせと幽霊都市を建設したのだ。バベルの塔は古代人が営々と努力して構築したが、結果は無惨な崩壊だった。

とりわけ無謀な不動産投資を強気に拡大してきたのは地方政府である。しかもシャドー・バンキングからカネを融資してもらって、気がつけば「サラ金多重債務者」となっていた。総額一〇〇〇兆円にも達する「理財商品」（投資信託の一種）とか、様々な詐欺的金融商品が蔓延《まんえん》した。償還期限が来ても元利ともに返済できず、新しい借り入れを、それも短期の高利で展開し、事実上の借金を肥大化させたのである。

中央政府は省政府に対して、市レベル以下の債務を、省政府が保証する「地方債」の発行で補えとした。禁じ手だった地方政府債がバカスカと発行された。結果、何が起きたかと言えば、「二〇一五年は五－十二月の八ケ月で三兆六〇〇〇億元、二〇一六年は五兆元、二〇一七円前半には国債の発行残高を上回るだろう。そうなると、もはや『第二財政』のイメージ」（津上前掲書）だ。

中国の経済誌さえ、二〇一五年末に地方債務は三五兆元と算定していた。邦貨換算で四二五兆円になる。数年前に楼継偉《ろうけいい》財務相（当時）自身が公式に二九〇兆円と認めたことがあるが、筆者は地方債務の合計を三四〇兆円以上と推計した。いまやその最悪数字も超えて五一〇兆円、ほぼ日本のＧＤＰに匹敵するのである。

そのうえ直近の情報ではサラ金が雨後の竹の子のように中国全土で膨張し、高利じつに三〇％、それでも金を借りる列が絶えないという。じつは三〇％というのは表向きで、返却期限が間に合わないと五〇〇％というべらぼうな懲罰金利が上乗せされ、これらの「サラ金」、じつはマフィアであり取り立てが怖くて自殺者が鰻《うなぎ》登りとなっている。

恐ろしい破綻が迫っている。

不動産バブルの崩壊は秒読みだが、その前後に中国発の金融恐慌の足音が聞こえる。

中国が隠蔽《いんぺい》する驚愕《きょうがく》の真実とはＧＤＰは世界第五位に転落する蓋然性《がいぜんせい》が高く、ＧＤＰ成長はマイナスとなり、昨今の外貨準備高はゼロに近づいているということである。

中国のＧＤＰ、いきなり世界五位に転落するリスクがある

「世界GDPランキング」（IMF報告。2017年7月）

順位	国名	ドル建てのGDP
1	アメリカ	19兆4171億ドル
2	中国	11兆7953億ドル
3	日本	4兆8412億ドル
4	ドイツ	3兆4232億ドル
5	英国	2兆4967億ドル
6	インド	2兆4544億ドル
7	フランス	2兆4204億ドル
8	ブラジル	2兆1409億ドル
9	イタリア	1兆8074億ドル
10	カナダ	1兆6002億ドル
11	ロシア	1兆5607億ドル
12	韓国	1兆4980億ドル
13	オーストラリア	1兆3595億ドル
14	スペイン	1兆2324億ドル
15	インドネシア	1兆0205億ドル
16	メキシコ	9873億ドル
17	トルコ	7936億ドル
18	オランダ	7626億ドル

註：これらの一覧はIMFが経済成長、世界191の国、地域からの経済データを分析したもので、ドル建てでランクづけをしている。なかにはエジプト、パキスタンのように経済データの収集方法が異なり、アゼルバイジャン、アルメニアなども特殊な数字が出ていると特記している。2017年時点での推計は世界GDPの24.9%をアメリカが、中国が18.3%を占め、最貧国ツバルのGDPは世界の0.00005%としたそのうえで、IMFは2022年に中国が米国を抜いてGDP世界一になると予測している。

ＩＭＦが二〇一七年四月二十三日に発表した世界のＧＤＰランキング（別表）は首位アメリカ、二位が中国、三位が日本となって、次にドイツ、英国、インド、フランス、ブラジル、イタリア、カナダ、ロシアと続いている。これは現実の数字にほぼ近いようであるが、問題は二〇二二年予測である。

ＩＭＦは米国が二位に転落し、中国ＧＤＰ

が世界一になると大胆に言ってのけているからである。
ちなみにＩＭＦの二〇二二年の世界ランキング予測は次の通り。

一、中国　三四兆三一六〇億ドル
二、米国　二三兆七六〇〇億ドル
三、インド　一五兆四二七〇億ドル
四、日本　六兆二〇一〇億ドル
五、ドイツ　四兆九〇二〇億ドル
六、インドネシア　四兆七一二〇億ドル
七、ロシア　四兆七〇七〇億ドル
八　ブラジル　三兆九三〇〇億ドル
九、英国　三兆五二〇〇億ドル
十、フランス　三兆四三四〇億ドル
以下にメキシコ、トルコ、イタリア、韓国が続く。

このように順位は大幅に入れ替わり、中国のほかにインド、インドネシア、ロシア、ブラジルが欧州先進国の座を奪うという未来図である。

本当にこんなことが起き得るのか、逆に中国GDPは果てしなく転落の坂を転がり落ちるのではないのか?

シャドー・クレジットはGDPの五一%

中国のシャドー・クレジット(隠れた債務)はGDPの五一%となった。

巧妙に不良債権を隠してきた悪知恵も、底が透けて見えてきた。銀行の不良債権をいかにして隠蔽したか。具体的な方法が「アウトノマス・リサーチ」という英国の金融シンクタンクから報告された(二〇一七年八月十八日)。

第一がWMP(Wealth management Product)と呼ばれる理財商品の一種である。これが典型の不良債権隠しの手口だ。およそ三兆七〇〇〇億ドル。償還期限が短いわりに利息が良いので預金者や投資家に販売した。つまり不良債権を表面化させないために投資信託のたぐいの金融商品に化かしたわけだ。

第二がAMP(Asset Management Plan)で、総計一兆九〇〇〇億ドル。債権を上記WMPとセットにして銀行に売却し投資(債権)に見せかけるのだ。

二つ併せて五兆六〇〇〇億ドル(六一六兆円)前後となり中国の公式GDPの五一%、

恐ろしい数字となって表面化した。

この帳簿上の債権の実態は不良債権であり、ともに中国経済を根底的に揺さぶる時限爆弾である。中国共産党は党大会を控えていたため必死に不良債権隠しを行った。

ＩＭＦは中国経済の薔薇《ばら》色の未来を描いて久しいが、それでも多少は客観的であり、中国の負債をＧＤＰの二三五％（ウォール街とシティはいずれも三〇〇％を超えていると推計しているからＩＭＦの数字は低すぎる）、負債がバランスシート上、かなり不均衡であると警告している。

住宅ローンは九九％が破産する

中国の住宅ローンの残高はＧＤＰの四四・四％となった。

数年前、香港の著名エコノミスト、朗咸平《ろうかんぺい》がテレビ番組で予言した。「住宅ローンを組んだ人は、九九％が破産するだろう」

この忠告を聞いて不動産投資を止める人は少なかった。どう見ても目の前の現実は「不動産を所有しなければ人に非ず」という雰囲気であり、あれよあれよとマンションの価格は跳ね上がり続けていた。博打大好きな中国人の投機熱がなせる業だ。

北京、上海、広州など沿岸大都市の不動産価格は東京の二倍。豪華マンションは二億円もザラ。こうまで高くなると庶民が手を出せるレベルではない。当局は頭金を三五％から、地域によっては五〇％に上げるなど抑制策を講じた。価格の沈静化は見られないが、取引が激減した。株式暴落を避けるために「株を売るな」と厳命した、あの遣り方だと、売る人がいないのである。

基本的なスキームを想定してみよう。

元手のない人がマンションを頭金だけで購入し、それを担保に二軒、三軒と買う。借金が膨らむが、誰も気にしない。中国政府はGDP六・七％成長と言いふらしているわけだから不動産は上昇し続けると信じているのだ。もし下がりだしたら、「不動産価格を下げるな」という国民運動が起きるだろう。これが朱寧教授のいう「暗黙の保証」である。

仮に中国の住宅ローン残高がGDPの四四・四％だとすれば、公式統計で中国のGDPは一一〇〇兆円だといっているから四八八兆円が住宅ローンの債務ということになる。これは日本のGDP（五三五兆円）の、じつに九一％になる。

北京でたとえば八〇〇〇万円でマンションを買った若夫婦の実例が紹介されている（『サウスチャイナ・モーニング・ポスト』、二〇一七年八月七日）。

頭金三五％を自分たちの預金をおろし、両親、親戚《しんせき》、友人からカネを借りまくって調達しなんとか取得した。頭金は日本円で二八〇〇万円だった。なぜこれほど無理をしてまで購入するかといえば周囲の熱狂、みなが不動産投機に熱中しており、人が集まればどこぞこの不動産が上がる、あそこの物件は良い、という話題しかない。集団的夢遊病である。

さて残りのローンは三〇年割賦、毎月の返済が三二万円、年間三五四万円となり、これが三〇年間えんえんと続く（合計返済は元利を含めるから一億一五二〇万円前後となる）。

年収が四〇〇万円程度の共働き夫婦と仮定して、いったいローンを支払った残りのカネで食費、交通費、娯楽費、図書費、携帯電話料金ほかをまかなえるのだろうか？

前述の経済学者・朱寧《しゅねい》によればバブルが瓦解しないのは中国共産党の「暗黙の保証」が背後にあるからで、投資家が強気なのは「最後は国が守ってくれる」という「信仰」があるからだ。一種カルト的な神話（不動産は下落しない）、というより国を挙げての「不動産価格永続的上昇カルト」である。

不動産は中国の人口構成を睨《にら》んでみても、今後は人口減となるため需要は喚起されないという重要要素も加わる。

中国の人口増加率はおよそ〇・六％に低下している。中国専門家は人口増加率は出生数の減少と死亡数の増加によって二〇三〇年にはゼロになると予測している。悪い予測で見ると労働年齢人口（一五～六四歳）が今後一〇年間で二三〇〇万人減るとされる。中国の礼儀では親孝行が美徳とされたが、いまでは高齢者介護を家族が行わず、しかも一人っ子政策によって核家族化が進み、医療福祉介護システムは脆弱《ぜいじゃく》である。

中国版バベルの塔の瓦解が始まる

二〇一七年九月下旬にアンリッツ保険が出した「中国富裕層報告」に拠れば、中国の個人所有不動産は価格において一七・九％上昇し、合計資産は二六兆三四四〇億ドル（邦貨換算二七三〇兆円）に達していると推計している。このうちの負債は四五・一％とはじき出しているが、いかなる計算によるかは不明。

ともかく中国のこうした歪《いびつ》な経済構造をさらに醜悪にゆがませてしまったのが不動産投機の結果であり、もし不動産暴落が始まったら（というよりそれは時間の問題だが）、朗咸平の予言通りに九九％の債務者は破産する。

米国のサブプライム危機をはるかに超えた超弩級《ちょうどきゅう》のバブル破裂がやってくる。

筆者は中国の不動産バブルの崩壊という未来の想像図を、あの「バベルの塔」の崩壊に重ね合わせる。重いローンに追われ、生活費にまわせる余裕がなくなれば、コンビニにも寄らず、外食はできず、日曜日に遊園地にも映画にも行けない。ましてや外国旅行なんて。

いずれスマホの電話代も滞り、クレジットカードの信用枠を超えればカード破産（米国、韓国におびただしい）、結局、逃げるか、あるいは詐欺に走るだろう。副業を求めて暗黒の世界に入るか。不動産バブルが弾けると、中国ではマンション購入者が暴動を起こし、反政府行動に走ることが確実に予想される。

第二節　経済改革失敗で北朝鮮と戦争をする

大都会への集中と異常な家賃暴騰

上海のE住宅調査研究所がまとめた「住居費の家計にしめる割合」という調査報告がある。この場合の「住居費」はレンタルのことで、ローン返済ではない。

北京では五八％（家賃平均は二七四八元＝四万四〇〇〇円）。深圳《しんせん》は五四％（同二二一一元＝三万五四〇〇円）。上海では五四％（同二三一九元＝三万七一〇〇円）

この統計は、家賃があまりにも低水準であり、おそらく低所得者が対象であると思われる。中国のほかの三四都市で平均が二五％—四五％だった。ところが地方都市五〇では平均が二五％となって、大都会への集中と異常な家賃暴騰の実態が浮かび上がる。

日本では大学卒初任給がおよそ二〇万円、東京の家賃は山手線に近いところだと１ＤＫ

で平均が八万円だから、比率は四〇%、これでも負担はキツイ。地方へ行くと家賃こそ安くなるが、その分、収入もそれなりに減る。

中国の「ジニ係数」は〇・七三。この数字は北京大学の独自調査で出てきたもので産経新聞に拠れば、「中国の国内個人資産の三分の一を上位一%の富裕家庭がにぎる」という「極端な富の偏在が進行している」。

つい二年前まで中国のジニ係数は〇・六二あたりが最悪値といわれた。通常の経済社会学的統計に則って言えば〇・四を超えると、社会が擾乱状態に陥るとされ、〇・五を超えると内乱になるケースがある。国家統計局は衝撃を避けるために作為的に小さな数字を出す。しかし国家統計局長が重大な規律違反で逮捕されるほどだから中国では誰も国家統計局の数字を信用していない。

あまつさえ二〇一八年から「相続税」を導入するとした。

表看板は「社会主義」、実体は「強欲資本主義的独裁社会」の中国は社会主義のもと土地の私有は認められていない。「揺りかごから墓場まで」を国家が人民の面倒を見るという建前なのだから中国には所得税さえ四半世紀前までなかった。

それが昨今のマンションブームとなって猫も杓子《しゃくし》も不動産投機を始めたわけだが、マンションを何軒買っても、一軒家を買っても、土地の私有制は認められていないから財産としては恒久的価値がない。マンションは五〇年から七五年の使用権が認められ、農地は三〇年から五〇年、そののちに国家へ返納される。したがって子供たちの世代が継続する「相続」という観念は社会主義経済では成立しないはずだった。富裕層が三軒、四軒とマンションを保有し、別荘を保有しても不動産取引税以外はかからない。沿岸の大都市では近年「固定資産税」が課せられているが、日本ほど高い税率ではない。

しかし新たに「相続税」を導入するとなると富裕層は豪華マンションや別荘を保有しても意味がなくなり早晩叩き売りを始める。

それで不動産への熱狂的投機を冷やそうとする政策の一環だが、私有財産を認めないかぎり実現は困難を極めるだろう。富裕層は習近平が吠《ほ》える「愛国」の虚実を知っており、インテリは情報操作だという本質を見抜いており、庶民は急に愛国などと言われても馬鹿馬鹿しくて関心を抱かない。目先の食事が一番大事である。

名ばかりのゾンビ企業の「民営化」

「ゾンビ」と異名をとる中国の国有企業は、二〇一五年末の統計で一三三万六三一一社。民営化は遅れ、あるいは逆方向で「独占」、もしくは業界の「寡占」という形での再編が進んでいる。

独占化の典型は石油産業であり、民営化なんて夢のように遠い話。二〇〇三年に設立された国家財産管理委員会は一九六社を再編したと発表したが、結果は九六社の独占企業が生まれた。株主の多角化が謳《うた》われ二〇%以上の大株主は認めないとした。たとえばチャイナ・テレコム（中国連通）は三三・二%の株式を売却したが、株主はテンセント、百度、アリババなど通信企業である。

中国鉄道は七〇〇〇億元（一一兆円強）の負債があり、FAW自動車、SFエクスプレスなど同類企業が株主となって業界の利益を守る形となっている。つまり株主構成に変化が生じているが、これをもって中国の定義では「民営化」というらしい。

逆に軍需産業の「保利集団」は資産が九五七億元（一兆五〇〇〇億円強）もあり、この余裕資金をふんだんに使ってシノライト、国営工芸社などを買収し、コングロマリット化を図っている。同集団は鄧小平《とうしょうへい》を頂点とする守旧派一族の利権である。

つまりロシアのような完全民営化とはほど遠いのが中国の国有企業の「改革」であり、政府の言う「産業の効率的再編」とは合併、買収を市場において大量の株式購入という形でなされているのが実情である。

ちなみに日本の専売事業だったJTは三三・三五%が財務大臣、すなわち国が所有し、残り三分の二弱が金融機関、信託銀行系ファンド、そして外資である。ＪＲ東日本は二五％の筆頭株主がセントラル警備、ほかに傍系、下請け、孫請け会社が名を連ね、銀行系が名前を連ねる。

企業の戦略決定に共産党が関与する

かくして果てしなく広がる中国の債務の闇《やみ》のなかで、いったい債務はどれほどなのか。誰も本当のことを知らない。

ましてゾンビ企業が壊滅に到るのが決定的と思われるのは次のニュースである。「中国企業、『党の介入』明文化。春から急増、国際摩擦も」（日本経済新聞、二〇一七年八月十七日一面トップ）。

記事を引用すると、「上場二八八社が定款変更。中国の憲法では党が国家を指導すると明記されている。党主導とは言え、株主に一般投資家も多い上場企業が、党が企業経営の意思決定にまで関与することを容認し、定款まで書き換えるのは異例だ。具体的には『企業内に党の中心的地位を認める』『社内に党組織＝党委員会を設立する』『重大な経営の決定事項の際は、事前に社内の党組織の意見を優先的に聞く』『会社のトップ＝薫事長は社内の党組織のトップを兼務する』等の内容が明記された」。

二〇一〇年に中国政府のシンクタンク「中国社会科学院」の李揚《りよう》副院長が「中国の公的債務は二〇一〇年時点で一一一兆六〇〇〇億元に上り、GDP比二一五％に達している」と発言したことがある。当時の為替レートでも一四五〇兆円である。しかし同科学院は三年後の二〇一三年末で中国の公的債務は一一三〇兆円だと下方修正の数字を「公式見解」とした。

政府発表は超低めに抑えているが、当時の欧米の経済誌の見積もりでも二〇兆ドル、(当時の為替レートで)二〇〇〇兆円が常識だった。マッキンゼーの二〇一五年二月の報告ではGDPの二八二％、つまり二九〇〇兆円前後と上方修正(?)がなされ、いったい何が正しいのか怪しい数字空間が広がる。

ウォール街のアナリストのなかには「中国の債務は三三兆ドルだ」(邦貨換算で三七二九兆円強)と断言して憚《はばか》らない著名なファンドマネジャーが輩出し、ロンドンのシティ関係者のなかにも中国の経済的破綻を予測する向きが増えた。

いまさら指摘するまでもないがGDPの算定は(1)住宅投資を含む個人消費、(2)民間企業の設備投資、(3)政府の財政出動、(4)経常収支の黒字(あるいは赤字)である。

中国の個人消費はGDPの三九％程度(二〇一六年統計＝米国六九・四％、日本六〇％)。だ

党の企業支配は、大手上場企業から民間ベンチャーまで隅々に及ぶ

党組織の設立時期	企業名	業種
2016年 9月	滴滴出行	配車アプリ最大手
17年 5月	宝山鋼鉄	国有の鋼鉄上場大手
7月	北京拜克洛克科技	シェア自転車大手「ofo」
8月	中信銀行	商業銀行の上場大手
10月	中国南方航空	国有の航空上場大手
	北京三快在線科技	グルメ検索サイト「美団点評」

から民間の不動産購入がＧＤＰのかなりの部分を支えている。中国の場合、上場企業の九八％が国有企業であり、しかも大方は赤字体質、そのうえ民間企業にも共産党の介入が明文化され、経営にフレキシビリティはますます失われ、国際競争に打ち勝つことは不可能となる。

ＧＤＰ構成要素の「民間企業の設備投資」とは、たとえば中国と合弁のフォルクスワーゲン、トヨタ、日産などの設備投資を加えているわけで、純粋な中国企業のなかで設備投資を増やしている企業はほとんどない。民間でアリババなど通信産業は、設備投資がかからず、鵬海精密工業とて、ロボットへの投資くらいである。

こう見てくると中国政府の財政出動がＧＤＰを根底的に支えるという歪な現実が否応なく浮かび上がる。裏付けのない財政支出は、いずれ債務不履行になりかねない。

貿易統計は対米、対ＥＵ輸出が堅調に維持されているかに見えるが、過去一〇年間で人件費が四倍になった中国製品は世界市場ですでに淘汰《とうた》されつつあり、日用雑貨、繊維製品などは鉄鋼のダンピングと同様に赤字輸出を断行している。したがってGDPが世界第二位というのはすでに成り立たなくなっている。

ちなみに平均月収を比較すると中国の沿岸部ではすでに五〇〇ドル、比べてバングラデシュ＝九〇ドル、インド＝一七〇ドルである。大規模な倒産とバブル消滅が重なれば「米国に次ぐGDP世界第二位の経済力」などとした夢想は泡沫の如く消え去る運命になる。

相次ぐ海外投資の失敗に顔面蒼白

さらに海外投資の失敗が目立つようになった。

ギリシア、ピレウス港買収が土壇場で雲行きが怪しくなった。ギリシアは債務返済のため国家財産の叩き売りを始めた。その目玉がピレウス港で、欧州へのゲートウエイ、習近平のすすめる一帯一路（シルクロード）の欧州玄関口である。中国海運（COSCO）が管理運営会社の株式のほとんどを取得し、チプラス政権の支持母体であるギリシアの左派がむしろ「国家安全保障につながる戦略的要衝を中国に売り渡すとは何ごとか」と反対論が渦巻いた。野党（保守党）も反対の列に加わり、ギリシアの国家財産管理ファンドが「諸条件、契約内容を検討した結果、この案件はもっと慎重な審議を要する」とした。
英国は中国との間にすすめてきた原子炉プロジェクトを「再審議する」と言いだし、中国はあいつぐ海外プロジェクトの中断、挫折に顔面蒼白《そうはく》となっている。

習近平の大号令「雄安都市」を建設で地獄へまっさかさま

ここまで追い詰められている現実を無視するかのように習近平は、次に北京近郊の雄安《ゆうあん》に大都市の建設をなすと朗らかに喇叭《らっぱ》を鳴らした。

投下するカネは邦貨換算で一〇兆円以上、社会科学院など行政機関の一部を強制移転させ人口一〇〇万都市をつくると豪語している。

「邯鄲《かんたん》の夢」の邯鄲市で二〇万人が住める団地が建設されたが、廃墟《はいきょ》と化した。重慶《じゅうけい》の住宅団地は三〇万人の鬼城（ゴーストタウン）。遼寧《りょうねい》省鉄嶺《てつれい》も貴州《きしゅう》省貴陽《きよう》の新都心も、この「鬼城群」に入る。

胡錦濤《こきんとう》・前政権が政治目標の筆頭に置いた唐山《とうざん》のエコシティ開発は世界最初のエコシティ造成を目指した目玉のプロジェクトだった（曹妃甸《そうひてん》大工業団地）。工事は資金難で続かずに中断し、いまでは摩天楼の残骸《ざんがい》、コンクリートの固まりだけ残し、六車線のハイウェイは地震でもあったかのように途中で切れ、かけ損なった橋梁《きょうりょう》が海に突き出している。政府庁舎予定だったビルは一階が海水に浸され、蟹《かに》が捕れる風景が見られる。「中国のハワイ」の謳い文句で開発された海南島《かいなん》も別荘マンションの無惨な廃屋の列が空から目視できる。

地方政府は不動産バブルが吹き飛んで歳入が激減、最悪の遼寧省では三分の一まで落ち込んだ。概して市町村レベルの歳入は半減、まさに天国から地獄へ。

逆行する通貨改革

ならば通貨改革はどうだろう?

中国は一九九四年に人民元の為替レートをいきなり三〇%減価させ、輸出競争力を高めるとともに従来の「外貨兌換券《だかん》」(外国人は普通の人民元ではなく、この兌換券しか認められなかった)を廃止、通貨を統合した。

二〇〇五年に管理相場制に移行した。二%の範囲内でしか変動を認めず、事実上のドルペッグ体制に固執した。この時期の中国にとっては紙くずとしてしか認められなかった人民元がドルと交換できることだけでも大きなメリットがあり、ドルペッグは死守された。

二〇一五年には為替レートが二％切り下げされ、「フロート制度に近づいた」などと喧伝《けんでん》された。一六年十月一日からは人民元がＩＭＦ（国際通貨基金）のＳＤＲ（特別引き出し権）通貨として国際的に認定されたが、人民元の決済シェアは逆に減った。人民元下落予測が市場の予測となったからである。

そのうえＳＤＲ認定の条件は「完全変動相場」への移行だったが、中国はガンとして、これに応ぜず、いわば資本主義社会からは孤立している。独自の中国方式にあくまでこだわるのである。

国有企業は既存の利益を守ろうと必死であり、民間企業や外国企業との競争をする「開かれた市場」には出たがらない。そうした強硬な政治的雰囲気があるため、自由貿易を疎外する恐れがある。国民の生活苦、公害はちっとも晴れず、失業が拡がり、目も当てられない惨状を呈している。

死活的問題は債務の返済

中国経済の死活的問題は、これから本格化する債務の返済である。

天文学的な公共投資のツケがこれから回ってくる。借金は返さなければならない。時間の問題でもある。五〇もの地方都市は地下鉄建設を急いでおり、武漢などの中級都市でも地下鉄が市民の足となった。理由は急速なモータリゼーションを横目に交通渋滞がますます酷くなってきたからだ。その実態はガイドブックが追いつかない。ピッチが速すぎるのが地下鉄、ハイウェイ建設などで中国の交通地図が刻々と変貌《へんぼう》してきた。

こうした強気一点張りだった公共投資のツケはどうなるのか？

たとえば新幹線は国家予算だけではなく、「鉄道債」でまかなわれた。当然だが、鉄道債の償還時期を迎えている。残高は一一兆円以上ある。

地方都市の地下鉄は地方政府主導の「融資平台」や上海などでは地方政府債でまかなわれた。いずれ借金の返済が始まる。鉄道への投資は運賃収入で返済する計画だった。それを当て込んでの予算措置が当然行われてしかるべきだが、その形跡はない。地方都市同士が競争しあい、共産党指導者の虚栄心、見栄っ張りな競合が強引な工事を実現した。ところが公共の乗り物は運賃が安く設定されており、建設に投入した費用を元利ともに回収するには、たいそうな難儀がともなう。

そのことを計算したうえで「フィージビリティ・スタディ」（商業化可能性調査）を終え、予算を決議してから事業化するという資本主義社会の市場原理を中国はまったく知らないかのように、バランスを考えた事業ではなかった。共産党幹部と地方自治体のトップが見栄と成績を上げようとする出世欲を動機として、勝手に決めてきた。その壮大なツケがこれから回ってくるが、いったい、どうするつもりなのか、不良債権を平然と増やし続ける神経はどういうインセンシティブに基づくのだろう？

インフラ投資の継続が目的とされるが、期日の迫った過去の借金の借り換えをやっているだけである。高利の利息を支払い続けるわけだから、雪だるま式に債務が膨張してゆくのは火を見るよりも明らかだ。

「融資平台」というのは、地方政府の企業体、つまりダミーである。事実上、中国地方政府は債権を発行できなかったため、ダミーを設立し、銀行からの借り入れができないために、独自に「城投債」なる債権を起債してカネをかき集めた。こうした「融資平台」が中国全土に一万社、粗製濫造《らんぞう》で設立された。ウォール街は中国の地方政府の債務を三四〇兆円前後と推定していることは述べたが、これだけでも日本の国家予算（二〇一八年度の日本の国家予算は一〇一兆円）の四倍弱。破天荒の額面である。

そこで財源不足を架空の投資話をでっちあげたりして国有銀行に融資させ、焦げ付きが問題となると「理財商品」という面妖《めんよう》な投信を発行し、さらにはシャドー・バンキング、街金。P2Pという個人、企業同士のネット上の金貸し。株式市場はパンクしてしまったため、証券会社に資金をぶち込んで暴落を防いできたが、これで新規上場の機能が失われ、上海株式市場というのは事実上の「官営」市場となった。つまり株価操作のギャンブル場と化けた。消費を冷やすことは景気後退につながるが、中央銀行は外貨流出を深刻に恐れており、同時に人民元の大下落を回避したいと念じている。

外貨準備高マイナスの計算式

中国自慢の世界一の外貨準備高、じつはマイナスに近いというのは次の図式である。

二〇一七年八月末の中国の外貨準備は三兆六〇〇億ドル（A）

対外資産は一兆五〇〇〇億ドル（B）

保有米国債は一兆一〇〇〇億ドル（C）

ところが対外債務は四兆六〇〇〇億ドル（D）

それゆえ簡単な計算式では「A＋B＋C」－D＝一兆ドル強となる。だがCの米国債保有はAの外貨準備高に算入されている。したがってどう計算しても、外貨準備はマイナス四〇〇億ドルとなるのである。

そのうえ、不正海外口座に四兆ドル余。あまつさえ外貨準備の中身は外国企業の資産である。たとえば中国に進出した外国企業は利益を送金できない状態が続いている。外国銀行からの借り入れが、そのまま外貨準備高に計上されている。手品ではないか。

となれば導かれる結論は外貨準備が事実上マイナスではないかということである。

過去一年公式統計だけで七二八〇億ドルが中国からオフショア市場へ流出し、とくに第三・四半期（一六年七月-九月）だけでも二四六〇億ドルが海外へ逃げた（これらの公式数字は政府発表の作文。実態はもっと大きい）。

企業の外貨購入が規制され、海外送金は審査が厳格化され、さらには企業の外貨借入の前倒し返済を禁止し、香港などで取引される海外運用の保険商品購入も規制された。

外貨流出を防ぐために、ありとあらゆる手だてを講じていることは明瞭《めいりょう》だが、地下銀行の存在があり、「上に政策あれば下に対策あり」の中国人だからビットコインなど、抜け道を探る動きは、さらに新手を発明するだろう。

ゴールドマンサックスは、まっさきに中国経済に見切りをつけ、保有していた中国工商銀行の株式をさっと売り逃げた。

「ばば抜きゲーム」の勝者となったゴールドマンサックスに替わって、その株式を買ったのがシンガポールの公営ファンド「テマサク」だった。「ばば」を引き受けたテマサクはリーカンユー（シンガポール元首相）の一族が主導する巨大ファンドである。

つまり一方で中国経済の勃興《ぼっこう》を煽《あお》りながら、そのときはすでに中国株から手を引いているというアングロサクソン伝来の遣り方は、ジョージ・ソロスの手口と同じである。

S&Pが中国の国債格付けを格下げ

「大丈夫です。成長は続きます」と李克強《りこくきょう》首相はIMF、WTOなどの幹部を北京に呼んで会合をひらき二〇一七年（九月十二日）、説明した。「予想以上に良い数字で今年後半のGDP成長率は六・九％になりそうだ」と。

この非公開の座談会は李首相が主宰したもので、IMFのほかにILO、WTO、OECDの幹部を招いた。席上、問題となったのは「理財商品」の残高一〇〇〇兆円の行方だった。影の銀行、金融再建機構などを梃子《てこ》とした複雑な借財隠し、その資金の輻湊《ふくそう》した隠匿回路を、それとなく問題にしたが、とくに英国中央銀行のカーニー議長は「影の銀行ではなく市場に根ざした金融制度への取り組みを図るべきだ」と釘を刺した。

世界的権威である債権格付け機関「S&P」（スタンダード&プア）は九月二十一日、中国国債の信用格付けレートを下げた。

「AA」から「A+」に。五月にも同社は、一段階の格下げをしているから二〇一七年になって二回目である。ほかにムーディズもフィッチも格下げしており、前者は五月に、後者は二〇一三年に早々と格下げをしている。理由は「中国の負債の増大は今後大きなリスクをもたらす怖れがあり、当面の小康状態の後に大きな懸念材料となる」とするもの。S&Pは同時にHSBC（香港上海銀行）など、中国と取引の深い金融機関の社債格付けも降格した。

中国財務省は、この格下げにむくれ「負債の過剰な評価に基づくもので、中国経済の実情を把握していない」と反論した。

中国が本気で検討している北朝鮮攻撃

ならば、この経済危機を誤魔化す手だてがあるのか？

金融金利政策では無理である。ならば最後の手段、それは国内の諸矛盾を一気にすりかえる「戦争」に訴えることなのである。不況を戦争による景気浮揚で回復させた例はかのFDR（ルーズベルト）である。ニューディールの失敗に活路を失った米国は、日本に戦争を仕掛けたのだ。

かつてハーマン・カーン博士は「考えられないことを考える」と題して、世界核戦争が起きた場合のシミュレーションをハドソン研究所で真剣に展開した。単行本となり邦訳も出たが、日本では評判にもならなかった。この手法に従ってみるとこれまで「あり得ないシナリオ」とされてきた「中国が北朝鮮を攻撃する」ことも起こり得るのではないか？国際情勢は刻々と変化し、流転し、朝鮮半島の情勢は安定してはいない。この八月にも人民日報系「環球時報」は「もし米朝開戦があっても、中国は中立を保つべきだ」と驚くべきことを書いた。中国国内のネット世論には「金三胖《きんさんはん》」という表現が削除されなかった。金王朝三代目の豚、という意味である。

朝鮮戦争に毛沢東《もうたくとう》が参戦したことにより、中国と北朝鮮両国が、いかに「血の友誼《ゆうぎ》」でむすばれていても、その友好ムードを覆すような顕著な変化はいくつか起きていた。

あれほど熱心だった「六者協議」（六ヶ国協議）を北京は絶望的に放擲《ほうてき》している。そのうえ中国は韓国と国交を回復し、北朝鮮を激怒させたが、金正恩の狂信的核武装ドグマに静かな怒りを示し、過去四年間に中国共産党幹部の北朝鮮訪問は、李源潮《りげんちょう》（国家副主席）と劉雲山《りゅううんざん》（常務委員）の二人だけ、二〇一六年に金正恩の特使と異例の会談を習近平は行ったが、それまでの三年間、習は北朝鮮幹部とは誰にも会っていない。いや金正恩が北京に挨拶《あいさつ》に行っていないのである。ことほど左様に両国は冷却環境にあった。

そのうえ中国は国連の北朝鮮制裁決議に加わり、昨今はレジームチェンジを示唆している。中国は北朝鮮の核に反対意見を、国連大使の口を通じて述べている。それは（1）北東アジアに軍拡競争を激化させる。日本の核武装を容認せざるを得なくなる。（2）中国は核不拡散防止条約上、北の核はNPT条約の効果を希釈させる。同時にインドやパキスタンの核を合法としなければならなくなる。（3）核汚染、事故のおそれなどから反対するというのだ。

こうなると中国が北朝鮮を先制攻撃するシナリオが考えられるのである。

第一に中国はその矜持《きょうじ》にかけても子分の元に出かけることはない。習は金正恩が大嫌いのようである。

第二に四月の「一帯一路フォーラム」と九月の「BRICSフォーラム」初日に金正恩はミサイルを飛ばし習近平の顔に泥を塗った。

第三に九月のミサイル実験は三七〇〇キロ、つまり日本列島からグアムをすっぽりと射程に入れたこともさりながら、この距離だと中国全土が射程に入っているのだ。

こうなると米国と同様に小型核の搭載技術を獲得する前に北朝鮮の核戦力を叩いてしまうことは中国の国益につながるのである。

習近平は「われわれは朝鮮半島の安定を望んでいるのであり、政権の安定を望んでいるのではない」という発言が暗示するように金正恩の排除を念頭に置いている。

あまつさえ中国が北朝鮮に対して鴨緑江《おうりょくこう》を越えて物理的攻撃に踏み切れば、習近平は国際的なヒーローとして遇されることになる。

これが習近平にとってノーベル平和賞をもらうようなもので、第一の理由である。

第二に中国の国内経済が深刻な悪化を示しており、株式市場に続いて不動産市場、為替市場の暴落が予測されるが、経済的苦境の矛盾をすり替える最大の効果とは「戦争」を始めることである。

第三に習近平になびかない中国人民解放軍内部の敵対勢力の排除である。「掌握できていない旧瀋陽軍区を北朝鮮攻撃に際して先頭に立たせる」とどうなるか。軍権を掌握できるから「一石三鳥」となるのである。

第二章

習近平がひた隠す「一帯一路は大失敗」

インドが正面から反対

習近平の目玉は「一帯一路」（海と陸のシルクロード）プロジェクトである。最大の障害はインドである。モディ首相は五月に北京で開催された「国際フォーラム」の出席を拒否した。

中国の宣伝を逆利用しようと一帯一路フォーラムにはプーチンもエルドアン（トルコ大統領）もシシ（エジプト大統領）もスーチー（ミャンマー外相）もナゼルバエフ（カザフスタン大統領）も北京に駆けつけた。

ところが世界に目を転じてみると、一帯一路はどこもかしこも円滑に進捗《しんちょく》しておらず、工事途中で挫折、もしくは中断のプロジェクトにメキシコ新幹線のキャンセル（三七億五〇〇〇万ドル）、ベネズエラ新幹線の途中放棄、インドネシア新幹線の工事遅延と支払い条件の再交渉等々。ロスーラスベガス間の新幹線は米国がキャンセルした。

鳴り物入りだったニカラグア運河の工事中断が明日のすべてを象徴する。海外プロジェクトの多くが、中国国内の鬼城（ゴーストタウン）のように幽霊設備と化けるのは時間の問題なのである。

中国の「一帯一路」（海と陸のシルクロード）

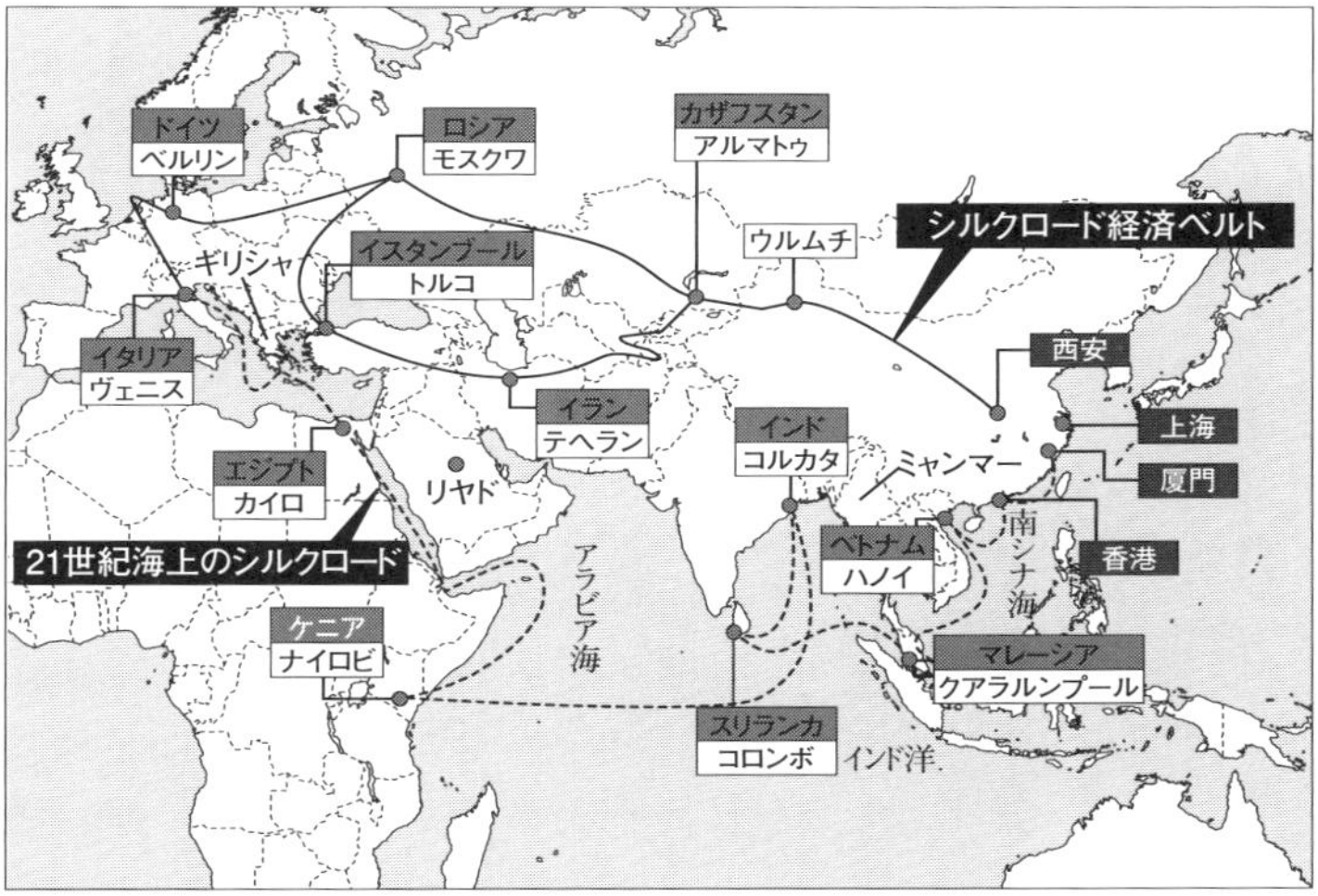

インドは「海のシルクロード」なるものは、別名「真珠の首飾り」、つまりインド包囲網戦略だと判断しており、会期中に米国と日本を交えての軍事訓練を展開した。翌週にはモンゴルでも軍事訓練を行い、中国の野心を正面から阻む構えを強めた。

そのうえインドはベトナムへ「ブラモス・ミサイル」を供与する動きを示している。このミサイルはマッハ二・八、射程二九〇キロ。もともと旧ソ連とインドの共同開発でスカッドミサイルの改良から進化させた。二〇〇一年に実験に成功し、その後、格段に改良されて戦闘機、巡洋艦ばかりか潜水艦発射型もある。

インドは頭脳のコンピュータ部門を担

当した。つまり命中精度の高い巡航ミサイルの短距離型であり、局地戦に威力を発揮する。具体的に言えばパラセル諸島（西沙諸島）の幾つかを中国に盗まれて、いざ海戦となると旧式の軍艦しかないベトナムは、このミサイル導入により、ベトナム空軍の主力戦闘機スホイ30に搭載すれば中国が不法占拠を続けるウッディ島などの軍事施設を攻撃できる。加えてインドはベトナムに対して五億ドルの軍事援助の信用供与を約束している。

インドはアセアン諸国に外交攻勢を仕掛けているのである。

根深い中印対立

インドは中国と二ヶ所の国境をめぐり戦後一貫して対立してきた。

カシミールではパキスタンとの間に国境紛争をかかえて軍事的緊張はやまず、インドはバングラデシュの北側を領有し、東インドとつなげる「シリグリ回廊」（シッキム、ブータン、チベット三角地帯）という重要なルートを保有するが、このルートの分断を図るのが中国の軍事目的である。

二〇一七年六月、ブータンの領土を掠《かす》め取ろうとして軍事行動を本格化させた中国は、「インドは軍事行動には出ない」とタカを括っていた。強い抗議がないと見るやインド領シッキム高原の奥深くまで侵入し、国境付近の軍隊を増やした。中国軍はブータン王国のドクラム高原に道路を建設し始めた。

一九六二年のインド中国国境紛争はシッキム高原の侵略を狙《ねら》って中国が軍を進め、アクサイチンを軍事占領し、インドからシッキムを奪った。ちょうどキューバ危機の最中、世界はこの国境紛争を小さな出来事として注目しなかった。インドはこのときの屈辱感から核武装への道を決断した。

中国はシリグリ回廊の四九五平方キロが「歴史的に中国領土だ」と歴史的根拠のない主張を続け、そのうえで「インドは軍隊を撤兵させよ」と言うのだ。尖閣《せんかく》諸島もいずれ、同じパターンで奪取しようとする予行演習のごとくである。

インド陸軍は第一七山岳師団をシッキム地方に駐屯させており、そのうちの三〇〇〇名は中国軍が展開する係争地で臨戦態勢にある。中国軍はすでにチベット側に三五トン戦車を待機させ、同時にブータンの領土に建設中の道路は四〇トンの戦車が通行可能（アジアタイムズ、二〇一七年六月二十九日）。もちろんブータン王国は中国に撤兵を要求している。

最初は南シナ海の岩礁に漁船の「避難場所」だと言って掘っ立て小屋を建てた。いつの間にか周辺の岩礁を埋立て、軍事施設と化し、気がつけば二六〇〇メートルの滑走路を併設する人工島が三つ、ウッディ島には迎撃ミサイルを配備していた。南シナ海は、こうして「中国の海」と化けた。これをサラミ戦略という。細切りにして敵に気づかれないうちにやり遂げる方法である。

パラセル諸島（西沙）で中国はベトナム艦船を砲撃し、一隻を沈没させ、あげくに「昔からの中国領土だ」と言い張って付近の海域で原油掘削に乗り出した。

同様なことがヒマラヤ山脈を挟んで起きていたのだ。ブータンに「冬虫夏草」を採取に中国農民が迷い込んだという口実で、軍人が偽装して入り込み、ブータン国土のいくばくかを侵略した。ブータンは軍事的にインドの保護領であり独自兵力では手も出せない。

中国軍はブータン王国のドクラム高原の一部に道路を建設し始め、インド軍と至近距離でにらみ合った。双方が撤退に合意したのは九月の「ＢＲＩＣＳ会議」（厦門）にモディが出席する直前だった。とはいえ撤退はお互いが一五〇メートル後方に下がっただけなのである。

中国との関係が急速に冷え込むスリランカ

インド洋をにらめばインドの南東を扼《やく》するのがスリランカ、南西を扼するモルディブだ。これらは南アジアにおいて地政学的要衝であり、それゆえ中国がインド洋の周辺でシーレーンの覇権確立に必要な港湾建設を次々と狙うのである。

スリランカ南部のハンバントタ港にはすでに中国の潜水艦が寄港している。中国の意図は明らかにインド洋を扼するスリランカの戦略的要衝の活用にある。

インド洋を横断し、アフリカ大陸へのシーレーン確保が中国の世紀の野心であり、習近平の夢であることは言を俟《ま》たない。

ところが二〇一七年一月にこのハンバントタで反中国暴動が起きたのだ。

中国主導の「工業団地」の建設に反対する現地民がデモを組織し、警官隊と衝突、大暴動に発展した。

以来、スリランカと中国の「ウィンウィン関係」は急速冷凍のように冷たくなった。中国企業のハンバントタ港のシェアは八〇%から二〇%に減らされた。

二転三転のプロジェクトはコロンボ沖合に人工島を造成し、ニューシティ（コロンボシティ）をつくるという壮大な夢も含まれる。ラージャパクサ前政権が前のめりに承認し、その中国との度を過ぎた癒着が問題化して落選してしまった。二〇一五年一月の大統領選挙での番狂わせ。安泰といわれたラージャパクサが落選したことは中国の「想定外」の出来事だった。中国とのプロジェクト中止を謳うシリセナ大統領はコロンボシティを一度キャンセルしたが、その後、中国側の強硬な訴訟に発展し、工事中断がまた復活して埋立工事が再開された。なぜならスリランカの対外債務は六〇億ドル、このうち一〇％が中国であり、プロジェクトの中断はかえって利子がかさむことになるからだった。

いずれにしてもスリランカの反インド感情を梃子に中国はずるずるとインドの脆弱な下腹部を狙っているのである。

モルディブをめぐる中印の駆け引き

二〇一四年に習近平国家主席はモルディブを訪問し、ヤミーン大統領と会談した。そのとき中国は首都マレと空港がある島を結ぶ橋の建設へ資金援助を表明した。この小さな島嶼《とうしょ》国家、人口わずか三二万人の小国を習近平が訪問すること自体、異常だった。なぜそこまで重視するかは南アジアのグレートゲームの一環であり、インドとの地政学上の駆け引きである。

イスラム教を奉じる宗教国家でもあるモルディブを外交的に放置しておくと、同じイスラム国家で、インドの宿敵パキスタンの影響下に入ってしまう怖れがある。過去を振り返っても中国はモルディブ外務省の庁舎を建設して寄付し、ついで二〇一〇年には七八〇万ドルの無償援助を与えるとした。しかし援助とは名ばかりで一五〇〇戸の住宅を建設し、しかもその契約者は中国機械設備進出口総公司だった。

二〇一六年には中国がモルディブで港湾を整備するという情報が流れ、さぁチャイナタウンだ、侵略の橋頭堡《きょうとうほ》にするつもりだとインドのメディアが騒いだ。ラーム環礁での港湾整備を許可するとされたが、結局、アジア開発銀行（ADB）がモルディブのクルドゥフシ港湾整備・拡張を支援することとなった。九六〇〇万ドルの規模で二〇一九年の完成を目指す。

というのもほかのアジア諸国と同様にモルディブ現地でも中国人の評判が滅法悪いからである。

ホテルの宿泊客はダイビングのマナーが悪いばかりか、水上コテージでもレストランを利用せず、カップ麺しか食べないので室内のポットを撤去した。カップ麺のプラスチック容器をきれいな海になげすてるなど、観光業界からも抗議の声があがった。このモルディブは若者の失業率が高いため八〇〇名の若者がＩＳに加わったほど過激分子が多い。

そこでインドは、海洋に眼を転じ、中国海軍のゆくてを遮る戦略に出る。

中国の石油輸入の八〇％は、インド洋からマラッカ海峡を越える。インド洋が、中国の経済の生命線であり、インド洋を「中国洋」とさせないという決意を示すため、米軍との軍事同盟を強化し、日本を加えた三ヶ国で共同軍事演習を展開してきた。

この軍事演習は「マラバール二〇一七」と命名され、一〇日間にわたった。そのうえ、この列にオーストラリアも加えようとしている。南インド洋には豪のほか、フランスも幾つかの島々を領有している。

米国はインドへ輸送機など三億六五〇〇万ドルの軍事物資供与を決めた。くわえて二〇億ドルにおよぶ無人偵察機の供与を検討している。

親中派ラオスですら反中暴動が

ラオスは小さな国だが、ベトナム戦争のときに北爆のターゲットとなった。

廃墟から立ち上がり、いまビエンチャンのど真ん中にある豪華ホテルには日本料亭もある。近くのラオス料理レストランは、歴代首相（小泉、野田、安倍）が利用し、ラオス民謡や独特の踊りを鑑賞している。

世界的な保養地ルアンパバンにはかつて世界のヒッピーが蝟集《いしゅう》し、麻薬取引も行われていた。すっかり落ち着きを取り戻し、ルアンパバンは旧王宮も残っているため世界から観光客を集めるようになった。日本からのツアー客もルアンパバン観光が増えた。

過去一六年にわたって中国とラオスはあるプロジェクトの交渉を続けてきた。中国とラオスを縦断する鉄道建設（四一四キロ）である。工事はすでに開始され、総工費は四〇〇億元（およそ六〇〇〇億円）で七〇％を中国が出資し、残り三〇％をラオスが負担する契約となっている。

これが首都のビエンチャンへつながると、さらに南下し、タイを南北に縦断してバンコクへ達する壮大な計画である。すでにタイ政府とはラオス国境のノンカイからナコンラチャシマへの二五〇キロの部分工事は、この八月に合意が成立し、中国の参入が決まった。いずれは雲南《うんなん》省昆明《こんめい》からラオス、タイ、マレーシアを経てシンガポールまで鉄道をつなぎ、これをもって東南アジアの「一帯一路」の仕上げとなる。もちろん軍事戦略を付帯しており、兵員の移動に鉄道はもっとも安上がりな運送方法となる。しかしラオスはしたたかであり、中国一極支配を嫌うためバランス上、中国と仲の悪いベトナムと奇妙な均衡外交を続ける。ビエンチャンからベトナムのハノイへはすでにハイウェイが開通している。

ラオスは内陸国家という地理的に不利な条件があり、国土の七〇％が山岳地帯、そのうえ鎖国のような外交方針を貫いてきたため、港へ出るアクセスがない。これは貿易には決定的に不利だ。したがって輸出産業が育たない。運搬の劣位は致し方ないが、そのため外国企業の参入が少なく製造業には不向きだった。

支配政党ラオス人民革命党は中国派とベトナム派に分裂している。そのうえ世代間で鮮明に別れており、老人はハノイ支持派、若者が中国になびく。

中国からの資金はプロジェクトがいずれも巨額のため政権内部でいまや中国派の力が圧倒的となった。汚職の規模も大きく、政治家の腐敗がメディアの話題となる。

一方、ベトナムは投資額が少ないが件数は多い。主に地方政府、とりわけ郡部の行政トップと親しい。つまり首都は中国派、ところが郊外から地方はベトナム派という色分けができるようになった。

オバマ前大統領のラオス訪問で中越のバランスが一変

こうした中越のバランス状況に画期的は変化が起きた。

二〇一六年九月、オバマがラオスを訪問したのだ。米国大統領のラオス訪問は四一年ぶり、ラオス政府はこの機会を利用して外交姿勢を転換させ、中越均衡路線から西側へも、その交流、交易の輪を拡げようとする。

直後、ラオス北部でバナナのプランテーションを拡大しようとしていた中国企業の新規投資にラオス政府は待ったをかけた。プランテーションで化学肥料を使うのはまかりならんというわけだ。

ラオスは北爆のおりに化学剤をまかれたりしたため樹木が枯れ、田園が荒れた体験をしており、化学肥料と聞いただけで拒否反応を示す。もう一つの難題がラオスのメコン河の流れを変えるダムである。それも七つ、中国資金が舞い、電力の大半が中国へ輸出され、反対に下流域のラオスとベトナムは干ばつの危機さえある。「これは環境破壊だ」としてハノイ政府は一貫して反対してきたため、ラオス政府は再熟慮を迫られている。「外国投資は必要だが、同時にラオスを潤すプロジェクトでなければならない」とラオスの政治家が最近よく口にする言葉である。

ダム建設現場の住民も強制立ち退きに反対している。

二〇一七年六月十六日、シャイサンボン県で中国人が襲われ、射殺されるという事件が起きた。ビエンチャンの中国大使館は中国人駐在ならびに中国人の旅行者に警戒を呼びかける措置をとった。

二〇一六年三月、ルアンパバンで四人の中国人が襲われ、一人が死亡した。かれらは近くのダム工事に従事していた。

その二ヶ月前にも、中国人の鉱山技師二人が殺害され、犯人はいずれも逮捕されていないが、現場は中国式のダムや鉱山の開発で立ち退きを要求されている村落である。

中国人であろうが、ほかの国籍であろうが環境破壊の侵入者として敵視していることがわかる。「ラオスの各地で展開中の中国資本のプロジェクトは七六〇件あると言われ、投資総額は七六億ドルに達する」（アジアタイムズ、七月十六日）

中国の代理人になり下がったカンボジア

カンボジアは曲がりなりにも立憲君主国である。

亡命先から国王が復帰され、平和を取り戻したかに見えたのも束の間、いまのカンボジア政治の実態はフン・セン首相の独裁が染みこみ、ラジオ、テレビ、新聞はフン・セン一派が寡占し、反対派は徹底的に弾圧されている。

一六年六月の地方選挙で反フン・センを掲げる最大野党「救国党」が大勝した。これに衝撃を受けたフン・センは野党党首のケムソカを「国家転覆罪」で逮捕した。このため副党首のム・ソクアら指導部は一斉に海外へ出国した。ＮＧＯのボランティアの活動にも目を光らせ、政府批判の英字新聞は廃刊になった。この弾圧のノウハウ、北京の指導なのか、中国とそっくりの独裁統治だ。

こうしてカンボジアでは政治的自由がほとんどないのが実情で、国王も政治的発言をしない。仏教の象徴としてのみ、王宮におられる。

経済的側面を眺めると、これまではカンボジアにおけるプロジェクトで、ベトナムと中国の綱引きが続き、互いに援助合戦をしてきたが、ここでラオスと異なるのは日本が大きな要素として絡むことである。ＪＩＣＡを基軸として各方面で日本の活躍があり、カンボジア国民は親日派が多い。

考えてみれば自衛隊の最初の海外派遣はカンボジアＰＫＯだった。

一九九三年四月、国際ボランティアの中田厚仁《なかたあつひと》氏が殺害され、同年五月に高田晴行《たかだはるゆき》警部補がポル・ポト派に襲われ犠牲となった。

二〇一三年にもカンボジアを公式訪問した安倍首相は墓地を訪れ献花した。

「ＰＫＯ法は汗を流せと書いてあるが、血を流せとは書いていないといった撤退論が左右を問わず喧しかった。けれども派遣部隊は粛々と任務をこなし、大きな成果をあげ、地元で感謝された」（寺井融「本質に迫る根幹の議論を深めよ」、『改革者』一七年十月号）。

日本は犠牲を恐れず、友好道路や橋梁を架け、インフラ建設に日本が大変な活躍をなした。

しかし日本の架けた橋梁の隣に中国は友誼橋を鳴り物入れで建設し、派手なビルを建てた。豪華な高層マンションなどに巨額を持ち込んで投資を拡大した中国は大統領官邸やスタジアムも建設し、日本の影を薄くした。直接投資では日本の六倍のカネを中国はカンボジアに注ぎ込んだ。

はては川の中州に高級マンションや邸宅群を建て、チャイナタウンとした。

カネを運んでくれる国にカンボジア政府はなびく。大事なアセアン会議でも中国非難声明をつぶすのは決まってカンボジアであり、アジアにおける中国の代理人となった。

カンボジアにおける中国の存在感は際立っており、日本はいまや忘れられかけている。

だが表の皮相な変化より、かつてポル・ポトを支援し、二〇〇万もの大虐殺の後ろ盾となったのが中国であり、年配者は中国の不気味な残酷さを忘れてはいない。

いまはインフラ建設に必要な道路、飛行場、鉄道を敷設しているため、沈黙しているに過ぎず、いずれカンボジア国民の反中国感情は爆発するだろう。

中国の高速鉄道を受け入れたタイ

カンボジアの西につながるのがタイである。

タクシン、インラック政権（いずれも華僑《かきょう》の末裔《まつえい》）を倒した軍事政権は中国と距離を置く。

しかしタイの軍人政権はながく保留してきた新幹線（高速鉄道）プロジェクトを中国方式で遂行すると決定した（サウスチャイナ・モーニング・ポスト、七月十一日）。バンコックから北北東へ八五〇キロ、ラオスとの国境の町がノンカイ。ここから橋を渡り検問所を通るとラオスのビエンチャン郊外に達する。筆者も取材したことがあるが、かなりのトラックが物資を運んでいる。

タイ政府は中国との交渉で、ファイナンス、返済期間、利息のほか、労働条件で二年間にわたって交渉を続けてきた。「一帯一路」の目玉にしたい中国は、ファイナンス条件を呑んでいたが、問題は労働者である。例によって囚人を投入し、現地労働者を雇わない。建設機材からセメントを中国から持ち込む。いったい現地の利益とは何か。騒音と、中国人労働者の排出するゴミ、排便、食材の異質さなど。

あまつさえ囚人労働者は、プロジェクト終了とともに現地解散となる。この人たちが住み着いてチャイナタウンを形成することは近未来の暗黒とならないのか。

この難問に中国側が折れたのは、すでに雲南省からラオスへの鉄道建設が始まっており、この延長線でタイのノンカイへつなぎ、バンコクに達すると、それからさらに南へマレーシア、シンガポールまでつなげようという構想を重視しているからだ。

まさに習近平の推進する「一帯一路」の大いなるプロパガンダとしても使えるというわけで総額五二億ドルという巨額の鉄道建設が近く開始される。

マレーシアは「第二の深圳」になってしまうのか

マレーシアの対中危機意識の拡がりはやや異質である。「南シナ海のマレー海域の岩礁を取られ、人工島をつくられたばかりか、こんどはマレーシアの土地まで大規模に買い占めている。中国人の投資は歓迎しない」と不満が昂《こう》じているのだ。沖合の島嶼ではなく、自分の土地が中国人に奪われると騒いでいるのだ。

ジョホール・バルはシンガポールに隣接しているため建設ラッシュ。ほとんどが中国人の投資である。このそばに人工都市＝フォレストシティがある。「このままのペースで進んでしまうと、あと二〇年もしたらマレーシアは中国領になってしまう」という不安。

中国企業が造成しているフォレストシティはすでに七〇万戸のマンション都市。中国人による中国人のための新都市をマレーシアの国内に誕生させようとしているわけで、「まさに中国からの移住を目論んでいる。工業団地や製造業の進出のための投資ではない。国のなかに国をつくる投資であり、これを外国直接投資のカテゴリーに入れるべきではない」(マハティール元首相)。

ラジブ首相の投資歓迎路線は間違っていると国会でも問題となった。

「中国人の投資は常軌を逸している。大学をつくり、空港に投資し、発電所を建設し、インフラを整備し、鉄道も敷設している。あたかも二〇年後の自国領を目指しているかのごときではないか。海外からの直接投資は歓迎だが、国家的な戦略的資源を買収することは直接投資とは言えない。歓迎できない」（ザイド前法務大臣）。

不動産投資への中国人の熱狂はすでに世界的であり、バンクーバー、シドニーで価格高騰、庶民が手を出せなくなって中国人投資家への不満が爆発しているが、そうしたレベルの話ではなく、国家の枢要なインフラ投資に直接手を出していることはマレーシアの経済ナショナリズムを刺戟《しげき》してあまりある。

過去三年間で、マレーシアにおける不動産投資の、じつに四六％が中国からの投資である。

マレーシアの人口構成はマレー系に加えて、華僑が三〇％、インド系が一〇％という多民族国家だが、インド系はそうした移住計画の都市づくりには着手していない。マレーシアにとって新しい脅威が、いま目の前に現れた。マレーシアのシンガポールに隣接する海を、ドバイやアブダビのように埋め立てた土地の新都市「フォレストシティ」は、あたかも北海道を買い占め、一〇〇〇万人移住計画を抱く野望と似ている。

中国が投資する金額は一〇〇〇億ドル。中国の「カントリー・ガーデン・ホールディング社」が二〇〇六年から歳月をかけて開発している。すべての完成は二〇三五年にずれ込む見込みだが、実現すればマレーシアに「第二の深圳」が誕生することになる。

土地の面積は一四〇〇〇ヘクタール。すでに七〇%のバイヤーは中国人であり、一万七〇〇〇戸が販売済み。購入価格は合計で二九億ドルといわれる。こうなるとマレーシア経済ナショナリズムが高まるのは当然である。

マハティール元首相（在任一九八一―二〇〇三）は、「これは主権の問題だ。中国が狙うのはインベストメント（投資）ではなく『セツルメント』（定住）である。マレーシアの国土を外国に売り渡す売国行為だ」と批判の矛先をナジブ政権に向けているが、「グローバリズム」か「ナショナリズム」かの戦いにも見える。

ところがイブラヒム・イスマイル国王（事実上の首長（サルタンの輪番制で政治的力はほとんどない制度だが、マレーシアは一応、立憲君主国）は「民族主義的差別は良くない」と言いだし、「マレーシアの経済発展のためにこの巨額の投資は歓迎である」と述べている。

北京とは「冷たい関係」のシンガポール

インドほどでもないが、北京とは冷たい関係と言われるのが華僑の国シンガポールである。

二〇一七年九月二十日、党大会を前にした微妙な時期に訪中したのはシンガポールの李顕龍（リー・シェンロン）首相である。予定になかった王岐山（当時、政治局常務委員。中央規律委員会書記。事実上のナンバーツー）が会見場に現れた。事前の会見リストに王岐山の名前はなかった。

シンガポールは親中派国家とは言えず、米軍空母寄港を認め、また台湾との共同軍事訓練ばかりか、台湾からの戦車輸送を香港で数ヶ月も足止めされる嫌がらせも受けた。

しかもリー・シェンロン首相は首相就任直前の二〇〇四年に秘密裏に台湾を訪問している。そのうえ、五月の「一帯一路」フォーラムにもリー首相は欠席している。

国内でもシンガポールは民主主義を装った独裁国家であり、国家ファンド「テマサク」といえば李光耀（リー・カンユー）初代首相一族が支配する。李亡き後、お家騒動で揉《も》めていることは世界のジャーナリズムが報道した。

王岐山は汚職摘発に辣腕《らつわん》を発揮して国民の喝采《かっさい》を受けたものの、共産党幹部からは疎んじられ、恐れられ、神出鬼没。数ヶ月動静が伝わらないこともしばしば。そして内規にあるように、定年を過ぎた王岐山（六八歳）は、次期党大会でも勇退か、居残りかがチャイナウォッチャーの間では大きな話題となっていた。ただし王岐山は二〇〇八年から一一年まで、中国シンガポール共同委員会の議長を務め、シンガポール問題では一家言を有すると言われる。

ロヒンギャを弾圧するスーチーをかばう中国

ノーベル平和賞を受賞したこともあり、自由世界のメディアはスーチーを褒めあげた。オバマはスーチーを人権と自由化のシンボルだと言い、ヒラリーはヤンゴンへ飛んで、堅い抱擁を交わした。米国は制裁を突如解いた。欧州各国も日本もこれに倣い、にわかにミャンマー投資ブームが起きた。

ところが少数民族でイスラム教徒のロヒンギャを迫害し、徹底的な武力弾圧を始めたため、かつてのヒロインは「希望の星」から「失望の星」となった。

国連の首脳一般演説の冒頭にグテーレス事務総長は「これは迫害である」と批判し、アラブ諸国から広くイスラム国家群、欧米も同調して一斉にミャンマーを非難した。日本はただちに避難民対策のため四億五〇〇〇万円を支援すると表明した。もちろん攻撃の先頭に立つ米国は三六億円の支援を決めている。ところがスーチーは国連演説で「国連の調査団の受け入れを拒否する」として、民主主義、人権、法治の旗を降ろすことに躊躇《ちゅうちょ》しなかったのである。

このスーチーに強い味方がいる。独裁国家、中国の言い分は凄《すご》い。

「ロヒンギャ問題はミャンマーの内政問題であり、西側は口出ししなくてもよい。ロヒンギャをミャンマー政府軍が抑圧しているのは、テロリスト対策である」

中国は世界の非難の合唱を横目に、ただ一人「勇敢に」、しかも「堂々」と、スーチーを擁護している。ロヒンギャを「テロリスト」だと言いがかりをつけるのもチベット、ウイグル独立活動家をテロリストと言いつのる論法そっくりである。

米議会の極左、リベラルの代表ダイアナ・ファインシュタイン上院議員（民主、カリフォルニア州選出）ですら、「スーチーにゴールドメダルを与えたのは間違いではなかったのか。あの名誉を剥奪《はくだつ》するべきではないか」（TIME、十月二日号）という意味のことを示唆している。

五〇万人がバングラデシュへ脱出したが、まだ多くのロヒンギャは留まっている。全部がエクソダスを望んでいるわけではないというのがスーチーの言いぐさ。軍と仏教原理主義過激派はロヒンギャの移住地を焼き払うという焦土作戦を展開し、軍の一部は発砲している。「これぞまさしくエスニック・クレンジング（民族浄化）。人間の恥。スーチーは責任をとって辞任せよ」という声は、インドネシアでもイスラム教徒穏健派がデモ隊を組織して、ミャンマー大使館に押しかけている。

スーチーは最初から無能だったが、西側のメディアの逆宣伝は彼女をミャンマー復興のシンボルとして扱ってきた。そのことを西側メディアはまず恥じるべきであろう。

習近平の目玉はミャンマー沖合の海底油田から石油パイプラインで中国国境まで七七〇キロメートルを結ぶ。すでにパイプラインはつながっており稼働している。この投資額はロヒンギャ居住区に限っても七三億ドル、バングラデシュ国境に近いラカイン州内に工業区設立もめざし、沖合油田は七五％の株式を中国のＣＩＴＩＣが保有していることが判明。国連でミャンマー非難決議が出ても中国は反対に回るのは確実なのである。

孤立するミャンマーは中国に頼るしかないのか？

中国の「戦略的友好国」であり、隣国であるパキスタンとミャンマーは、しかしながら中国の工業心臓部からはあまりにも遠い。

マラッカ海峡を経由しないオールタナティブとしてのルート確保が中国の戦略的目標だ。中国の歴史学の御用学者がいうには紀元前三世紀の秦《しん》の始皇帝《しこうてい》時代から「南のシルクロード」は南アジア諸国とつながっていたと言い張る。ちょっと待った。紀元前三世紀に雲南省も四川《しせん》省も漢族とは無縁の国家であり、当時は氐《てい》、羌《きょう》、月氏《げっし》、滇《てん》などの豪族が統治していた。ミャンマーもパキスタンも別の国だった。

二二〇四キロにも及ぶミャンマーの国境地帯は、かつてビルマ共産党が支配していて、税金を勝手に住民から徴収し、中央政府の統治は及ばない地区だった。このビルマ共産党を支援していたのが中国、しかも一帯の麻薬地帯はクンサが支配し、国民党残党がいた。このため国境貿易が可能だったのは北のシャン族支配区だけだった。歳月が流れ、ビルマ共産党も国民党残党も高齢化、組織はほぼ消滅した。前者は四つに分裂したが、いまも武力を誇るのはワ族の武装ゲリラだ。ワ族は独自の武装組織を堅持している。

しかし西側の制裁にあって鎖国を強いられ国際的に孤立していたミャンマーを支援し、武器を供給していたのは中国だった。一四億ドルの武器を与え、他方では秘密裏にワ族武装組織も支援していた。

親中路線以外の選択肢はなくミャンマー政府はアンダマン海の島嶼の大島（グレート・ココ）に軍のレーダー基地を設けたが、これも全面的な中国の支援だった。インドは、これを脅威として国際世論に訴えた。中国の監視所という裏の役割をミャンマー政府は否定した。

さらに時代は移りミャンマーの親中派だったキン・ニュン政権が二〇〇四年に汚職容疑

で失脚した後、親中派路線を修正し、中国と距離を取り始めた。テイン・セイン前政権は中国が支援した水力発電所工事を中断した。

「イラワジ河は中国のものではない」とする抗議デモが公然とヤンゴンやマンダレーで行われるようになる。メディアにも中国批判が掲載されるようになり、華僑と中国資本が支配する第二の都市マンダレーでも反中感情の高まりが見られるようになった。

マンダレーはかつてのビルマの首都、王宮が残り、翡翠《ひすい》、色石、タペストリーの産地として世界的に有名である。だが流通、貿易、金融を握るのは華僑ならびに中国からの移民の商人である（四年ほど前、宿泊したマンダレーのホテルで朝から酒を飲んでいたのは中国人ビジネスマンだったことを思い出した）。

ヤンゴンのチャイナタウンも活況を呈しており、華字紙も発行されるなど言論の自由が守られるようになり、自由選挙を実施するや、アウンサン・スーチーが「大統領より偉い」政治ポジションを得た。

このスーチーを支持しているのは都会のビルマ族が中心で、地方ならびに少数民族地区へ行くとスーチーは嫌われている。

オバマ政権でミャンマー政策が緩和され、政策がグローバルに傾くと、どっと西側資本がミャンマーに投入され始めた。日本は工業団地をヤンゴン郊外に造成し、市内には高層ビルも建設し、台湾やインドも参入してきた。カチン族もシャン族もカレン族も、山を下りてきた。

中国はこれではまずいとばかりにミャンマーの政治家、ジャーナリストに北京への招待旅行攻勢をかける。一方で、武装を解かないワ族ゲリラへの密かな武器支援は中止せず、二枚舌を続けている。

もともとロヒンギャ問題は、英国の植民地政策が元凶であり、ミャンマーの荷物だった少数民族が大量にバングラデシュに戻ったわけだから英米にとってアイロニーだ。

スーチーに対して、これまでに異様な持ち上げ方は英米の政治的演出であったことにいま気がついて愕然《がくぜん》としていることだろう。

かといってスーチー政権がロヒンギャに優しくしたり、独立運動を看過したらカチン、カレン、シャン、モン族が同じ要求を繰り出してくる。ミャンマー国内の少数民族との対決問題を抜本的に解決する方法は見あたらず、周りを見たら、もはやスーチーが頼れるのは中国しかない。

これからが本当にスーチーの政治力量が問われることになる。

人工国家パキスタンが抱える複雑な国内事情

アジアで最大の親中国家はパキスタンであると考えられてきた。なにしろ半世紀を超える軍事同盟である。事実上の「反インド同盟」であるとはいえ、イスラムのパキスタンが無神論の中国と精神的紐帯《ちゅうたい》が可能なはずがないだろう。

パキスタンの最南西部のグアダール港から新疆《しんきょう》ウイグル自治区のカシュガルまでの「中国・パキスタン経済回廊」（ＣＰＥＣ）が鳴り物入りで建設されている。石油パイプラインと高速道路、鉄道、光ファイバー網と四つのルートを同時に建設中だが、実態はどうなっているか。

インドはこれを「パキスタンを植民地化しようとしている」と中国を激しく批判してきた。インドへの軍事的脅威となるからだ。

ところが現場のバロチスタン州の住民の大半も、このシルクロード建設に反対しているのである。バロチスタン地方の人口は八〇〇万人だが種族的には数種の部族が分散盤踞《ばんきょ》し、言葉と言えばバローチ語、パシュトー語、ブラーフィ語、ペルシア語である。

もっと正確に言えばバロチスタンはパキスタンではない。六〇〇年間独立国家であり、

中国地図

戦後パキスタンが占領している。国王陛下がおられるが英国に亡命中である（二〇一七年四月二十一日、スレイマン国王は密かに来日している）。

したがってパキスタンと、その背後の中国への憎しみが渦巻いている。チベット、ウイグル、南モンゴルと同じなのである。

中国企業を警備するパキスタン軍へのテロが繰り返され、北京の「一帯一路」フォーラム開催中にも九名が殺害された。すでに中国人労働者への誘拐、殺人も数知れず、中国人は囲みで隔離された空間に暮らしている。工事現場を守備しているのはパキスタン軍一万五〇〇〇名である。

なぜ、こういう事態となっているか。それはバロチスタンがパキスタン占領下にあるという不条理、その歴史に不満であり、いつでも分離独立のチャンスを窺《うかが》っているからだ。古代から見ればこの地方がパキスタンに編入されていること自体がおかしい。大英帝国がサイクスピコ条約のように、双方に独立を保証するという二枚舌外交の結果とも言われるが、人種も言語も違えば、風習もまったく異なり、バロチスタンの民は、パキスタンという人工国家を認めない。

隣のアフガニスタンに盤踞する武装ゲリラの頭目の一人はヘクマチアル元首相だが、この地を経てイランに潜伏したり、またパキスタンは、この人口過疎地で核実験を繰り返したため、地元民の恨みが強い。州都のクエッタは港ではなく山岳地帯、むしろアフガニスタンに近いため、ゲリラが頻繁に出入りしている。

しかもこの地方の武装ゲリラに武器を支援してきたのが旧ソ連、このように二重三重に複雑に入り組んだ場所に中国は軍港を建設しているのだ。

こんな事件も起きた。二〇一七年五月二十四日、真昼。クエッタの語学センターから出てきた中国人教師二人が武装グループに車で誘拐された。もう一人もセンター付近で誘拐されそうになった。身代金を狙う中国人誘拐事件としてCCTV（中国中央電視台）が大々的に報じた。

巨額の商談に群がるパキスタン政府は中国と協力関係にあるため、語学センターに通って中国語を学ぼうとする人が増えた。クエッタでは中国語熱が盛んだといわれてきた。その象徴が語学教師であり、これを誘拐するという行為は、中国に対しての挑戦である。

すでに中国人に対するテロ事件はバロチスタンで頻発しており、二〇〇四年には中国人エンジニア二人が誘拐され、一人は殺害された。二〇一五年には中国人観光客が誘拐され、タリバンと交渉の結果、一年後に身代金を支払って釈放された。

こうした治安環境の悪化のため、中国人労働者は現場でも隔離された場所に収容され、その周辺ならびに工事現場の沿線をパキスタン軍兵士が警護するという変てこな構造になっている。

バロチスタンは中世に「カラート藩国」だった。このカラート藩国は一六三九年に成立し、一八七六年に英国の支配を受けた。英国の密約によりパキスタン軍が一九四八年に侵攻し、併呑《へいどん》した経緯がある。

バローチ人が関与しないところで勝手に決められた領土策定の密約は、中東地図を一方的に線引きしてイラク、ヨルダン、シリア国境などを策定し、パレスチナにユダヤ人国家の建設も示唆し、密約した「マクマホン書簡」、「バルフォア宣言」、そして「サイクスピコ協定」のようなものだった。サイクスピコ協定は一九一六年にイギリス、フランス、ロシアが結んだ密約で、オスマン・トルコ帝国の解体以後の地図の策定だった。これはイギリスお得意の二枚舌、三枚舌外交の典型であり、結局は力のある勢力が勝つのだ。

そうした戦後の秩序が崩れ始めたのであり、パキスタン一地域の問題ではなく、もしバロチスタン独立となれば、イラク、トルコ、イランにまたがるクルド人やミャンマーに弾圧されているロヒンギャなどが独立を宣言する動きにつながるだろう。

パキスタンは、このバロチスタンで一九九八年に核実験を強行し、米軍の偵察機が上空のサンプルを収集した結果、北朝鮮と同様なミサイルや核施設が使われ、プルトニウムを検出するに至った。

中国の進出をつぶす英米の思惑

ここへ来てパキスタンの財政事情が悪化していることが判明した。

二〇一六年会計年度（一六年七月一日から一七年六月三十日まで）のパキスタンの経常収支は記録破りの赤字となり、単年度だけの財政赤字が一二一億ドル。主因は輸入の増大と反比例して海外出稼ぎ組からの送金が激減したこと。パキスタンの輸出はちなみにコットン、アパレル、食品、医薬品（後者二つは米英の合弁企業による）。パキスタンの一七年度の貿易赤字は三二五億ドルに達した。

これによる累積対外債務は七九〇億ドル。人口ならびに国の規模はベネズエラよりはるかに大きいとは言え、この収入と支出のバランスを失した赤字体質は縮小ではなく、拡大方向にある（ベネズエラの対外債務は六五〇億ドル、そのうち四五〇億ドルが中国）。

パキスタンで輸入が急拡大しているのはCPECの所為である。

中国から建設機械、建機、セメントなどの建設資材の輸入が拡大しているわけで、しかも返済が滞るのは眼に見えているから、通貨のパキスタン・ルピーはますます急落し、必然的に猛烈なインフレを招来する。

ちなみにパキスタンの借入先は次の通り。

一七億ドル　中国開発銀行
七億ドル　英国スタンダードチャーター銀行（パキスタンは旧英国領）
一億ドル　中国商業銀行（複数）
二億五〇〇〇万ドル　米シティバンク
六五〇〇万ドル　スイス銀行ソンソーシアム
四四五〇万ドル　ＵＡＥ

この一例を挙げただけでも中国の吠えているＡＩＩＢ、ならびに一帯一路がすでに挫折に向かっていることは明らかである。

英米の戦略は、そうやって中国を経済的にぶっつぶすことではないかと推測できる。

「ちっともパキスタン経済に裨益していないじゃないか」とパキスタン経済界から不満の声が上がった。

中国から安い物資がどんどんパキスタン市場に流れ込み、パキスタン製品が駆逐され、そのうえグアダール港工事のための建機、セメントなど全部が中国からの輸入となって、貿易赤字が拡大、外貨準備は底をついている。

「なにが双方の利益だ」と嘆きの声は日々大きくなる一方だ。

プロジェクトの資金は中国が寄付するのではなく、中国がパキスタンに貸与するのであり、担保は将来の「通過料」「道路使用料」「鉄道運賃」などである。当初の計画ではパキスタンは二〇二四年には三五億ドルから四五億ドルの「収入」が見込めるという青写真になっていた。

ＩＭＦは「輸出力向上が見られず（そもそもパキスタンからの輸出品はほとんどない）、予測される利益はなく、パキスタンの赤字拡大の怖れがある」と警告している。大型のプロジェクトはいまも不足している電力を必要とするが、そのためにはダムがもっと必要になる。中国からの代金決済は人民元ではなくドル決済のため、ますますパキスタンの外貨準備が激減している。

スリランカ、インドネシアほかで、中国の提案を再検討する動きがあったように「パキスタンはプロジェクトそのものを再検証しなければならないだろう」とパキスタンの識者は口を揃えている（アジアタイムズ、二〇一七年七月三十一日）。

いやはや前途多難というより真っ暗、そのうえパキスタン政変はシャリフ政権を崩壊に追い込み、北の隣国アフガニスタンへはＩＳ兵士が帰還し始めて大がかりなテロが予測され、西の隣国イラン国境も剣呑《けんのん》な情勢である。

戦闘的反中の代表＝ベトナムを支えるアメリカ

ベトナムは中世以来、もっとも反中国感情を抱く国であり、フランス植民地時代に権力にぶら下がって利権をむしり、支配階級の走狗《そうく》としてベトナム人を弾圧したのが中国系ベトナム人、つまり華僑だった。

一九七六年に、ベトナムは南ベトナムを併呑した。すぐに共産党独裁体制に移行し、まず手をつけたのが、旧植民地時代にフランスに協力した華僑への弾圧だった。

パラセル諸島（西沙諸島）の領有をめぐる中越紛争は激化の一途を辿《たど》っており、軍事力で圧倒する中国に対して、ベトナムへの軍事支援が活発化する。米海軍はカムラン湾に空母も寄港させている。五月三十一日のホワイトハウスの賓客はグエン・フック（ベトナム首相）だった。

米越貿易は近年、急伸しており、往復二六〇億ドル、前年比二・八倍。ただし米国の輸入超過で、対ベトナム貿易は米国側が赤字（四四億ドル。前年比七七％増）。

ベトナムが米国重視の外交政策を採用しているのは、TPP脱退のトランプ政権が、これからベトナム製品を大量に買うことへの期待だ。ベトナムは米国のTPP離脱を歓迎した珍しい国でもある。

米国が戦略的にベトナムにテコ入れした、もう一つの理由は中国政策の一環である。かのオバマ前政権ですらベトナムへの支援を惜しまず、並行してジョン・マケイン上院議員が率いるベトナム訪問団が頻繁に組織化され、米国政界の有力者がハノイを訪問した。かつてベトナム戦争でベトナムと闘った歴史を忘れたかのように。そもそもマケイン上院議員はベトナム戦争で空軍パイロットとして参戦し、捕虜となった人物である。

ホーチミン市のチョロン地区は華僑の街で、七〇万人が暮らしていた。一〇万人が虐殺されたと言われ、五〇万人がボートピープルとなって海へ逃げた。海賊にやられたり、沈没したりしておびただしい犠牲が出たが、多くは米国へ逃げた。チョロン地区は寂れはて、閑古鳥が鳴いている。華僑向けの中国語新聞も、地区の党機関誌だけ。空輸される台湾からの華字紙もたしかに売られているが、国民党系のメディアだけである。恨み骨髄だった米国が、急激にベトナムと和解し、経済協力を強めてきたのは、言うまでもないが対中封じ込めの一環としての活用である。

米越関係を「総合的パートナーシップ」と謳うまでに発展したのはひとえにベトナムが軍事大国となった中国のパラセル諸島への侵略に刃向かい、健気に闘っているからである。

地政学的要衝にある東チモール

インドネシア、豪と不仲の間隙《かんげき》を衝いて中国が静かに浸透を開始した。

チモールはもともとは王国だった。十三世紀ごろから中国人、つまり客家《ハッカ》の入植が始まり、現地人との混血もあったため、中国人の血筋を持つチモール人がかなりいる。現在、東チモールの人口は六〇万人強だが、中国人が推定七〇〇〇人弱。一九七〇年の人口調査では六一二〇人だった。ポルトガル、オランダに占領され、戦争中は日本軍が占領し、独立の気運が燃え広がったときにインドネシアが軍を進めて併合した。

独立から一五年、政情はなんとか落ち着いたかに見える。しかし大統領派vs.首相派、独立反対派vs.ナショナリストの対立に加え軍隊のなかにも主流派と反主流派が対立しており、小さな国なのに少数政党が乱立。単独過半の政党はない。

首都ディリに日本の大使館を開設し、経済援助のためＪＩＣＡを中心に在留邦人は一一六名（外務省資料）という。

産業といえば、ガスと石油しかない。しかも沖合の油田の共同プロジェクトは豪と揉め続けており、「チモール海条約」は破棄された。またインドネシアとは根が深い対立があり独立直後の西側の支援もほぼ息切れ。

当然、こういうチャンスを活かす国がある。中国はさっと東チモールに接近し、まずは住宅建設のお手伝いと称して、六〇〇〇万ドルを投下した。ディリにはビル建設が始まった。このため北京、上海、深圳、義烏《ぎう》、広州、香港を経由する貨物便（チャーター便）がディリと中国との間に開設され、労働者も入った。昨年には中国軍の艦艇が東チモールに寄港したためインドネシア、豪が警戒している。

ドゥテルテ大統領のアキレス腱はミンダナオの治安悪化

領海係争でもっとも先鋭的だったのはフィリピンだ。

スカボロー礁を中国はフィリピンから盗んだ。フィリピンはなす術がなく、かわりに中国の経済援助を要請し、お互いにスカボローでの漁業は邪魔をしないという「密約」を結んでドゥテルテ大統領は引き下がった。急激に軟化したのだ。

フィリピン外交筋によれば北京で習近平との個別会談に臨み、ドゥテルテは「スカボロー礁はわが国の領海であり、われわれは海底油田の掘削を始める権利を有する」と言ったところ、習近平は慌てて「われわれは友人ではないか」と空気を和ませようとした。ドゥテルテ大統領はなおも引き下がらず、習近平は「力を用いるなら、次は戦争だ」と恐喝的な言辞を吐いたという。

米国に対してもドゥテルテは、「人権批判などと偉そうなことをいうな。米国はフィリピン人を四〇万人も殺したではないか。二年以内に米軍は出て行ってほしい」と暴言をエスカレート、手がつけられない狂犬と一部米国のメディアが皮肉った。

しかしドゥテルテのアキレス腱《けん》は出身地のミンダナオの治安悪化にあった。

マラウィはフィリピン南部のミンダナオ諸島の西部に位置するイスラム教徒の街だ。

二〇一七年五月二十三日に戒厳令が発動され、重武装のフィリピン政府軍が投入されてイスラム過激派との戦闘を開始した。このため国内の治安回復を優先させ、フィリピンは中国問題を脇に置いた。

イスラム武装集団の主体はＩＳシンパの「マウテ集団」で、ここに武装ゲリラ「アブサヤフ」の残党、そしてＩＳ帰りの過激派に加え、マレーシアとインドネシアからＩＳに影響を受けた武闘派が加わった。彼らはマラウィ市を乗っ取った。その制圧と治安回復のためフィリピン政府の軍事作戦が本格的に展開され、死者八〇〇名、政府軍も一五〇名が死亡した。避難民は三六万人。ＩＳシンパの過激派イスラム教徒が難民に紛れている。負傷者は無数。ただし過去の過激派「ＭＩＬＦ」（モロ・イスラム解放戦線）とＭＮＬＦ（モロ民族解放戦線）の二つの武装集団は政府との間に停戦協定を結んでおり、マラウィの戦闘には加わっていない。そればかりかマウテ集団とは敵対関係にある。

マラウィの街は空爆と激しい戦闘で破壊され、まるでカブールやベイルートのように瓦《が》礫《れき》の山となった。ロレンザナ国防相は「復興に一一億ドルを要する」とし、フィリピン政府は半分の六億ドルの「復興債」を起債し、資金を調達するとした。こういう話が浮上するということは、まもなく戦闘は終了するという展望があるからだ。現地入りしたドゥテルテ大統領は現地の軍事作戦を視察し、八月二十四日の視察では自らも機関銃を持って前線に立った。

現地司令官のカレルド・ブレベス少将（西ミンダナオ司令官）は、「彼ら残党は四〇名足らずであり、六〇〇メートル四方の地区に立て籠《こ》もっているが、食料も弾薬もつき、ほとんどが負傷している。リーダーの多くはすでに空爆で死亡した」とした。

しかしマラウィを制圧できたとしても、ミンダナオ諸島は歴史的にイスラムであり、レイテ、ルソンのようにカソリックではない。したがって過去の歴史的対立に終止符が打たれるわけでもなく、マラウィの戦闘終了は次の新しいイスラム過激派との戦闘の始まりに過ぎない。

こうした経緯があってせっかく国際仲裁裁判所が「中国の言い分は認められない」としても、中国政府は「判決は紙くず」と言い放ったし、フィリピンは裁判の判決を横目に中国の経済支援を期待するという奇妙な構図となった。

このフィリピン、首都のマニラには世界最古のチャイナタウンがあり、経済とりわけ金融と流通に強く、これら華僑系の影響によってフィリピン外交は中国に甘いのである。

札束攻勢と武器供与で中国になびくＡＳＥＡＮ

二〇一七年六月六日、米国防総省（ペンタゴン）は中国の軍事情勢をまとめた年次報告書を発表した。このなかで台湾への侵攻、南シナ海での軍備増強ならびに滑走路の敷設にくわえ、尖閣上陸急襲部隊の育成を示唆した。

滑走路に民間機の離着陸も報告され、それらはファイアリークロス（永暑礁《えいしょしょう》）、スービ

（渚碧礁《しょへきしょう》）、ミスチーフ（美済礁《びさいしょう》）。またベトナム領海にあるパラセル群島のウッディー（永《えい》興島《こうとう》）には地対空ミサイルの配備が確認されたとした。

中国国防部は、こうしたペンタゴン報告を真っ向から否定した。

『ザ・タイムズ・オブ・インディア』（六月七日付け）に拠ればペンタゴン年次報告は、「西アフリカのジブチに一万人駐在の海外軍事基地を建設中の中国軍は、近くパキスタンにも軍事基地を建設する可能性が非常に高い」としていることを報道した。

同年次報告は南シナ海の中国軍の動きを詳細に報告しているが、パキスタンにおける可能性に言及したのはおそらく初めて。「パキスタンはインドと敵対し続け、戦略的に中国のそれと共有する考え方を持つため、インドとしては軍事的脅威が増大する」と同紙は指摘している。

また新空母の完成は二〇二〇年、潜水艦も現有の六三隻から最大七八隻に増強される可能性を伝えている。

かくして反共連合として発足したはずのアセアンが、いつの間にか中国の政治攻勢とロビィ工作によって南シナ海の蛮行を非難しなくなった。

中国に対して強硬意見を吐くのはベトナムだけになった。一帯一路プロジェクトを持ちかけＡＩＩＢの融資をちらつかせる札束攻勢もさりながら、武器供与という手口できわだった外交テクニックが背景にある。

典型例を紹介してみると、フィリピン警察は米国と交渉していたM4ライフル、二万六〇〇〇丁の購入話を打ち切り、代わりに中国から三〇〇〇丁のライフルを購入する。金額は三三〇〇万ドル。ドゥテルテ政権はスカボロー礁が中国海軍によって占拠されていることに、もはや抗議もせず、国際仲裁裁判所の決定を自ら棚上げしてしまった。

タイ陸軍は28VT4戦車、ならびに海軍は038A型潜水艦を中国から導入した。購入代金は一億四七〇〇万ドルだった。

マレーシアは二隻の哨戒艇《しょうかいてい》を中国から購入し、二億七七〇〇万ドル。これが賄賂事件に発展しナジブ首相が訴追されている。

ミャンマーは鎖国時代の唯一の貿易相手国として、中国から一四億ドル相当の武器供与を受けたが、なかにはフリゲート艦が含まれている。

インドネシアも同様にレーダー内蔵の武器システム、C602対艦ミサイル、防空ミサイルなどを購入している。インドネシア空軍は米国のシステムに特化されているが、一部海軍などの武器は予算的に安い中国製に切り替えてきた。

第三章

国内開発プロジェクトも支離滅裂

砂漠の蜃気楼、カシュガルにも幽霊都市

中国経済の輸出依存度は二〇〇七年に三五%、それが一六年には一九%、経常黒字の対GDP比は一〇%から一・五%に低下した。と言ってもこれは公式統計の話であり、開発プロジェクトに血走って取り組むのは輸出の落ち込みをカバーしようという動機が基本にある。それが無謀な投資となり、あちこちに廃墟をこしらえる結果となる。

中国の唱える「一帯一路」は中国国内が起点であり、海外と同様に新疆ウイグル自治区、チベット自治区におけるプロジェクトは凄《すさ》まじいものがある。

カシュガル郊外は緑の少ないタクラマカン砂漠になる。この砂漠の真ん中に新都心を建設し「地上の楽園」と宣伝した。二〇〇九年のウルムチ暴動ではウイグル人およそ二〇〇名が殺害され、数万人が隣のカザフスタンへ逃げ込んだ。

イスラム住民をなだめるために中国は何を思いついたか、砂漠の真ん中に新都心建設を始めた。総費用は八五億ドルで「二万人の新雇用、新都心、繁栄する未来」が描かれた。これは二〇一〇年から開始されたウイグル安定化五ヶ年計画である。

もともと「西部開発」プロジェクトは胡錦濤政権以来のスローガンだった。

しかもシルクロード構想の国内版としても政治宣伝に転用でき、砂漠地帯も「第二の深圳」が実現するなどと喧しいプロパガンダが鳴り響いた。

沿岸部は港湾設備が充実し、交通のインフラがある。付近には大学も多く、優秀な人材を得やすいが、交通のアクセスが貧弱このうえなく、工業団地を建てても進出企業はないだろうに、当局はそういう計算ができないのだろうか。

工業団地を中国のあらゆる村、町、市におっ立て、その数およそ八〇〇〇、ほとんどが空き状態である。

新疆ウイグル自治区の最西端カシュガルでは古いモスクが破壊され、追い立てられた住民の住まいにと、およそ八万人の住居、ツィンの摩天楼、三本の大通り、商店街をつくり、有利な条件を提示して入居者を募集した。八万人というのはカシュガルの総人口の、じつに一五％にあたる。二〇万平方メートルの砂漠は緑に化けるはずだった。ツィンビルは途中で建設が止まり、道路は冠水したまま、付近は荒れ放題、宣伝に騙《だま》されてやってきた商店主は客がほとんどおらず、閉店状態となった。

「移住歓迎のネオンサインはまるでＳＯＳに見える」と現地を取材した『サウスチャイナ・モーニング・ポスト』（一七年九月四日）の記者は書いた。

思わぬ伏兵が中国国内に登場

雲南省昆明。ミャンマーの沖合、ベンガル湾のオフショアで生産されるガスと石油の油田からパイプラインは延々と中国の雲南省昆明にまで届く。ここで分岐され、上海へ、北京へとつながる。

この郊外に精製プラントが急ピッチで、しかも極秘に建設されている。

雲南省南方シーサンパンナあたりで分岐する鉄道はラオスとミャンマーへ別れ、やがてはシンガポールへとつなぐためにカンボジア、タイにも鉄道建設プロジェクトを進める。

雲南省の石油とガス精製プラントは合計四二億七〇〇〇万ドルが投じられる。ところが建設現場は、地図上に表記がなく看板も出ていない。地元の運転手が知らない。秘密裏に建設しているからだ。

なぜなら住民が精製プラントの建設に反対して抗議集会やデモが繰り返されてきたからである。

地元のメディアは上からの通達でプロジェクトの報道は一切行われず、またタクシーのカーナビにも場所が出てこない。

精製処理能力は年間一三〇〇万トン、操業開始は年内が予定され、ミャンマーから昆明までのパイプラインは総延長一二〇〇キロに及ぶ。ガスは年間一三五億立方メートルが輸送される。このパイプラインはすでに完成し、稼働している。

ミャンマーは土地を提供する見返りに「通過料」として、一トンにつき一ドルのロイヤリティを受け取ることになっている。北東部にはミャンマー政府の統治が及ばない武装勢力の地域が在り、パイプラインの警備リスクは前から警告されていた。

ところが石油精製基地は副産物としてポリエステルなどの原料を生産するため、年間五〇万トンの毒性の強い残留物を排出する。

すでに付近は煤煙とケミカル特有の臭気に蔽《おお》われ始めており、住民の不安は拡大している。ひどい公害被害を恐れる住民が反対しているのだ。

鉄道に関しても中国が提案している汎アジア鉄道は総合的に一三路線、総営業距離は二三〇〇キロ、総予算は四〇億ドルに達し、関係国はいったんは歓迎した。しかし具体的な詰めの交渉に入ると中国の鉄道ゲージと各国の鉄道ゲージが異なり、いかに統一するかの話し合いでは中国のゲージを押しつけるため、プロジェクトそのものが頓挫《とんざ》するケースも出てきた。

習近平がひた隠すAIIBの実態

ワシントンポストが暴露した。

「当該地方政府は二〇三〇年までに人口は一〇〇〇万人となる。空港も拡張した。いまでも一五万人が居住し、四万の建設労働者が働いています」と豪語したが、「町は見事に空虚、クレーンも止まったまま、道路は砂で埋もれつつある」（同紙、一六年五月三十日）。

この現場は甘粛省《かんしゅく》の蘭州《らんしゅう》である。

省都でもある蘭州は、かの『西遊記』で、三蔵《さんぞう》法師が西安《せいあん》からこの地を拠点に西へ西へと旅を続けた。蘭州から武威《ぶい》、張掖《ちょうえき》、酒泉《しゅせん》、そして万里の長城の最西端へと砂漠、台地、荒れ地を辿ってトルファンを経由しインドへ向かった。蘭州も武威も酒泉もオアシスとして栄えた。

蘭州はまたガンの特効薬として中国人が信じる冬虫夏草《とうちゅうかそう》の産地でもあり、目抜き通りには二十数軒の冬虫夏草屋の老舗《しにせ》、有名店が並ぶ。これをめがけて中国全土から買い付けに来るので、業者は最近、ブータンにも不法入国し盗採取していると聞く。

張掖はマルコ・ポーロが一年以上滞在した記録があり、町のど真ん中に彼の白亜の像が聳《そび》えている。

文革時代、不遇をかこった習近平は隣の陝西省《せんせい》にいた。習近平の「シルクロード構想」は、この蘭州が西安につぐ拠点となる。だから新都心を建設したのだが、砂漠に摩天楼を建てて、案の定、廃墟と化けた。ゴーストタウンがまた一つ、砂漠に蜃気楼の如く現れ、やがて……。

地元政府は「蘭州は西方のダイヤモンドとなる」といって騒いだものだった。貧困な農村部から都市へ移動させ、そこに雇用があり、企業が誘致され、大学も出来て繁栄するという夢をなぜ描いたのか。

そうだ。深圳と上海浦東《プードン》がモデルだった。「中国の夢」は、この二つの新興都市の繁栄ぶりだった。

深圳は香港に隣接する漁村だった。人口わずか八〇〇〇人の寒村が、またたく間に一〇〇〇万都市に急膨張したのも、鄧小平《とうしょうへい》の南巡講話の発祥の場所でもあり、香港を中心として華僑がどっと進出したからだった。

上海はもとより旧市内が膨張したうえ、飛行場が整備され、リニアカーが敷かれ、大学も多く、労働力が幾らでも全土から押し寄せたから新都心として容易に発展できた。摩天楼、上海の金融街の魅力は世界の投資家、起業家を惹《ひ》きつけた。

蘭州も「第二の浦東」になって成功できる、いや九江《きゅうこう》も、オルダスも、フフホトも延安《えんあん》も、みなが「中国の夢」とは「第二の浦東」を目標に、商業的採算を度外視しての突貫工事。ビルは建ち、道路は整備され、工業団地はつくられ、そして誰もこなかった。

住宅街は空っぽ、道路は早くも砂漠化しており、そして建設費用の借り入れには償還と利息があることを誰も留意しなかった。上の号令一下、ただひたすらハコモノをつくっただけだった。

首相時代の朱鎔基《しゅようき》が「ハコモノばかりつくってどういうつもりだ」と嘆《たん》じたことがあった。

「利益をまったく生まない投資」、そして償還時期に直面し、通貨を増発し、利息を支払うためだけの回転資金の確保のために地方政府は債券を発行し、シャドー・バンキングを利用し、闇金にも手を出し、ついにデベロッパーの多くが倒産した。経営者は自殺するか夜逃げするか、海外逃亡となった。

整合性のある戦略はなにもなかった。全体主義国家の計画経済のなれの果てはいつの世にもこのような凄惨《せいさん》な結末となるのである。

習近平がひた隠す中国国内での一帯一路の現実である。

チベットでの出来事

チベット第二の都市シガッツェからシガッツェ空港まで四〇・四キロに片側二車線、横幅二五メートルのハイウェイが完成した。

この道路は有事には滑走路に転用できる。すでにシガッツェ空港は軍民併用で、ヒマラヤの登山、あるいはトレッキング、そして見物にくる観光客で混み合い始めた。

シガッツェは「市」とはいうものの、広大な土地の遊牧民の行政中心という感じの「村」である。唯一の誇りはチベット仏教の聖地としての「タシルンポ寺」。そう、パンチェン・ラマの故郷である。シガッツェの標高は三八五〇メートル。ほぼラサと同じである。

筆者がチベットへ行ったのは一〇年以上前のことで当時、シガッツェに行くにはラサから凸凹道のバスしかなかった。それもひどいおんぼろバスで乗客はぎゅうぎゅう詰め、荷物は屋根に載せた。それが日常の風景だった。

ところがチベットでは二〇一一年に一万六〇〇〇キロしかなかった道路が二〇一六年末には八万キロとなった。『環球時報』によれば、いずれ道路はヒマラヤにトンネルを掘ってネパールにつなぎ、さらにその道路はアジア一帯へ拡げると豪語している。

世界の鉄道ファンが押しかけた青蔵《せいぞう》鉄道は青海省《せいかい》西寧《せいねい》からチベットのラサまで高山を驀《ばく》進《しん》する。この鉄道はシガッツェへ延びたが、これもネパールを経てインドへ向かう国際列車とするなどと、北京は本気で言っており、ネパールは眉唾《まゆつば》と疑いながらも「一帯一路」構想に前向きの協力体制を示す。

ネパール国境の町はチベットのザンムー。標高二三〇〇メートル。山稜《さんりょう》に観光用のホテルが建ち並び、軍隊の宿舎も点在しているが、いまこのルートからチベット人のインドへの亡命は少なくなった。道路は上海から五四七六キロ、G319と言われるハイウェイがザンムーまで完成したので観光客が急増した。璋木↔ラサ間は七七六キロ。この道路が上海へつながるG319と連結することとなった。

チベットに対する日本人の同情心は世界のなかでも突出している。同じ仏教を信仰することが土台にある。

インドの最北東部はダージリンを越えて峻険《しゅんけん》な山々が連なる。

ブータンの北寄りに位置し、インド領のアクサイチンは、一九六二年の中国の侵略以降、盗まれたままである。この中印国境紛争の舞台がインドのアンナーチャル・プラデーシュ州。その目の前まで中国は軍用道路を建設した。

ラサからヒマラヤの観光地でもあるニンティまで四〇九キロ、八〇キロでぶっ飛ばすと五、六時間で着く。中国はハイウェイと言い張っているが、これは戦車、装甲車が移動できる軍用道路であり、また部分的には戦闘機の発着が可能な滑走路に転用できる。開通したラサ↕シガツェのハイウェイと同様な仕様で、総工費は五八億ドル（六四〇〇億円）。

ニンティはヒマラヤ見物の名勝地として知られ、観光客用のホテル、ロッジなどが賑《にぎ》わう高原の休息地として売り出され、中国人観光客ばかりか外国人の宿泊も目立つ。

インドから見れば由々しき事態であり、これは兵站《へいたん》としての戦略道路であり、ハイウェイがいつでも滑走路となるわけだから、軍事基地が増加したという認識を抱くのである。

鉄道はカザフスタン国境を越えた

カザフスタンと中国との国境の一つ、ホゴス国際辺疆《へんきょう》自由貿易地区は鳴り物入りで造成され、これもまた習近平が吠える「シルクロード」の目玉のプロジェクトと言われた。

中国のメディアは連日のように「大成功」と報道した。たしかに中国側のほうは高速道路が延びて、近代的な都市を象徴する高層ビルも少しは建っている。

進出企業には五年間の免税、次の五年間も税金は半額になる特典が与えられると聞いて色めき立ったＩＴ産業などがホゴス自由貿易ゾーンに法人登録をなした。「その数が二四一一社に膨らんだが、現場で実際に企業活動をしている会社はほとんどない」（アジアタイムズ、六月五日）

一方、カザフ側のほうは宏大な貿易自由区の土地が確保されたが、過去五年間ほとんど空っぽ、砂漠のテント村にある安物のショッピングモールのほかはマトン料理の野外レストランくらいしか目立たない。

鉄道輸送だけは活発で、貨物通過量は五倍に伸びたという。理由は中国沿岸部からヨーロッパへの輸送時間が短縮されたからで、この輸送中継と税関チェックの補助作業などで、冒頭の自由貿易地区に連絡事務所を開いただけのＩＴ産業が多く、ほかにこれという大規模な進出も、活発な経済活動も見られない。

シルクロードプロジェクトの派手な打ち上げと、現場での隠蔽《いんぺい》された現実の貧困。そのあまりの乖離《かいり》はこれからの大問題になるだろう。

西側は中国軍の実力を過大評価

中国の軍拡の第一目的は海外進出より、「国内平定」であり、「内戦の延長戦」が続いているからである。

それは国防予算より治安対策費が大きいという現実を見れば納得がいくだろう。日本のメディアは、やれ中国軍はアメリカを超えるパワーになるとか、日中衝突あれば、五日間で日本が負けるとか楽観悲観こもごものシミュレーションがあるが、中国軍の過大評価、もしくはためにする予測という側面がある。

卑近な例にシリア、アサド政権は自国民に「容赦ない暴力行使は、周知の通り、シリア国内に地獄絵を出現させ、膨大な数のシリア人が難民となっ」たが、現在の中国は「そこまで逼迫《ひっぱく》していない」ものの、「天安門《てんあんもん》事件でも、民衆の鎮圧に（人民解放軍が）多数の戦車、装甲車、自動小銃が用いられた」。

つまり「独裁国家の軍隊というものは、外国に対抗するという役割とともに『国内平定』という役割を果たすことを政権側から期待されており、国内情勢の不安定性が増せば、必然的に後者の比重が増すことになる」（阿南友亮《あなみゆうすけ》『中国はなぜ軍拡を続けるのか』、新潮撰書）。

チベット、ウイグル、南モンゴルへの軍の布陣を見ても、国内平定が中国政治の主題である事実が浮かぶ

ところが「一部のチャイナウォッチャーは、共産党がその手駒である解放軍や武装警察の増強に邁進《まいしん》している姿から、『中国台頭』、すなわち中国が経済発展とともに軍事力を強

化し、やがて米国の地位を脅かす超大国に成長するというシナリオを連想する」わけだが、「こうした類の未来予測には違和感を禁じ得ない」と阿南は言う。

共産党の人事が均衡を欠くのは歴史的体質であり驚くことはないが、最近の傾向はGDP神話が絡み合って新型の趣がある。

「『改革・開放』路線下の共産党は、GDPをどれだけ上昇させたかという指標を地方幹部の人事査定の際に重視してきた。このため、不動産開発は、GDPを押し上げ、幹部を出世させるための道具という側面を持つようになった」。次々と中国全土に幽霊屋敷、ゴーストタウンをつくっても平然としているのは、このためである。

改革開放は解放軍にサイドビジネスも開放した。江沢民《こうたくみん》時代にはむしろ奨励された。ホテル経営から武器輸出まで、最大の軍需産業商社の「保利《ほり》集団」は鄧小平一族の利権の巣ともなった。「開発」という名の下に大プロジェクトが幾つも組まれた。一例が喧しく言われた「西部開発」だった。

「資金の多くは三峡《さんきょう》ダム建設、重慶《じゅうけい》などの大都市再開発、チベット鉄道などに象徴される大型開発プロジェクトに投入され、それらによって日雇い労働者に一時的な現金収入の機会を提供しつつも、もっぱらプロジェクトに関与した国有企業と内陸部の地方党委員会の懐を潤したとみるべきであり、中国社会における富の偏在の是正に貢献したとは言えない」

(以上阿南前掲書)。

かくして改革開放は一部階級の富の肥大を産んだが、多くの中国人は貧困のまま捨て置かれ、胡錦濤の言った「小康社会」「和偕《わかい》社会」は実現できなかった。それどころか、さらに醜悪な独裁体制が拡大し、GDP拡大のため「一帯一路」「AIIB」「BRICS」の登場となり、「愛国主義による中華民族の復興」が「中国の夢」という虚言を習近平が弄《ろう》するのである。

一人っ子の暗部が露呈

バブルは子供の育て方にも及んだ。

そして中国語に新しい言葉が出てきた。「失独《しつどく》」という。意味は「たった一人の子供を失った両親を一言で現す」。すでに推定で二〇〇〇万世帯が「失独」となり、さらに毎年七万六〇〇〇世帯ずつ増えている。

これまでクローズアップされてきた一人っ子政策の問題のなかでもっとも目立った議論は「小皇帝《しょうこうてい》」問題だった。甘やかされ、兄弟げんかを知らない子供は人生観もスポイルされているから、この手合いが一線に立つと、社会がゆがむのではないかという心配事だった。兵隊も一人っ子が多いため、とても戦える軍隊ではないだろう。

「幼年期から神様のように扱われた子供は、大人になると悪魔のように振る舞う傾向になる」（P・D・ジェイムズ『人類の子供たち』）

人口動態、将来の高齢化、福祉制度の破綻という文脈で、日本や先進国の社会学者、統計学者はこの問題をよく語る。フランスの人口学者のエマニュエル・トッドは、人口減少の主流派に対して反主流派イスラム人口爆発をベースにソ連の崩壊を予測した。社会的変化、人口動態の構造的歪《ひずみ》のグラフを見ていても、近未来の暗い家族像、国家像が浮かぶ。

それゆえ日本でも団塊の世代が高齢化し、介護生活に直面した現在、もっとも懸念されるのは年金制度の崩壊と福祉医療、いつまで基金はもつのかという素朴な疑問、そして行政を離れてみれば、すでに高度成長期に崩壊した家族、過疎村！　いったい誰が最後の面倒を見るのかという一種絶望的世界観にぶち当たる。

それゆえに世界一深刻なのは日本であると騒がれた。一人っ子どころか、結婚しない日本人が急増し、さらに結婚しても子供を産まない。高度福祉国家を実現した日本は、この制度の崩壊が秒読みという近未来の恐怖が語られる。

日本の国会とメディアの議論と言えば「待機児童ゼロ」だ。本末転倒も甚だしい。まさに若者が結婚し、家庭を持って子供を産むという人間本来の自然な環境を、政府がいかに支援できるかということを考えなければいけないときに枝葉の議論をしているのである。ところが世界一深刻で人口政策が悪魔的に貧困なのは中国だった。

厳密な一人っ子政策の実行は末端の行政にノルマを課した。このため残酷な強制堕胎、あるいは法外な罰金が科せられ（それが地方幹部の副収入でもあった）、家庭は破壊され、悲壮な人生観が広がる。まさにディストピア（ユートピアの反対語）、それが中国である。

四川省地震では学校がばたばた倒壊し、おそらく数万の子供が、それも一人っ子が犠牲となった。手抜き工事や現場の写真をメールしただけで、監視団は口止めし告発した人々を逮捕した。

中国の人口抑制政策は一九八九年から正式に実行されたが、それ以前すでにテストケースとして実験された山奥の村があった。言い出したのはロケット工学の博士だったが、まさに机上の空論、所詮《しょせん》、書類の計算式から産まれた処方箋だった。

インドも人口抑制のため一人っ子政策に踏み切ったがすぐに撤廃した。不人気極まりないというより自然の法則に反するからである。日本は逆に産めよ、増やせよと笛を吹いても、若いカップルは踊らない。冷ややかである。

メイ・フォン著、小谷まさ代訳『中国「絶望」家族』（草思社）は次のように言う。

「一人っ子政策がもたらした男女比と年齢構成のアンバランスによって、今後十年以内に

賃金上昇で「世界の工場」維持は困難

中国沿岸部の平均月収	500ドル前後
バングラ	90ドル
ベトナム	170ドル
インド	220ドル
インドネシア	240ドル
フィリピン	260ドル
タイ	360ドル
マレーシア	420ドル

中国の独身男性の数はサウジアラビアの全人口を上回り、高齢者の数はヨーロッパの全人口を上回る」。

「ドイツ銀行による試算では二〇五〇年までに中国の年金不足額は七兆五〇〇〇億ドルに及ぶとされ、これは二〇一一年の中国のGDPの八三％に相当する」

　財政が悪化し、ゾンビ企業の再編効率化、輸出激減、労働賃金の高騰のため「世界の工場」ではなくなった中国。負債が膨張し、海外への送金が規制され、これから先の中国経済は真っ暗闇だが、このうえに一人っ子政策のツケが覆い被さる。

バチカンとの秘密交渉は続くが

　別の意味でバブリーなのはキリスト教徒の増加である。

数年前まで欧米の研究者が把握していたキリスト教の地下教会の信者は推定七〇〇〇万人だった。現在は九〇〇〇万人から一億一五〇〇万人がキリスト教を信じ、表面だった活動は逮捕・拘束、あるいは罰金をおそれて行わないものの、地下での信仰、宗教活動は増えているという。とくに広東から福建省《ふっけん》、浙江省《せっこう》あたりに行くと表通りにキリスト教の教会がある。とくに広東省はクーリー（苦力）でアメリカへ渡った人たちが持ち帰った。アヘン戦争以前からの布教活動の伝統もあり、教会があちこちに建てられた。

このため古くからある教会は容認しているが、新しい教会の建設は許可しない。あちこちで新設の教会はブルドーザで破壊された。

奥地へ行っても小さな小屋のごとき教会がある。これらは中国共産党が「公認」している教会で、監視カメラ、信者リストが把握されている。共産党が指名した司祭か、牧師がいる。中国のキリスト教の主流はプロテスタント系で、表の教会の信者は三〇〇〇万人と推定されている（サウスチャイナ・モーニング・ポスト、一七年九月十一日）。このほかにモルモン教なども活動が確認されている。

ならば「地下教会」とは、別に地下や洞窟《どうくつ》にあるわけではない。四〇人から五〇人規模の信者が土曜日曜にそれとなく集まって、隠してあるキリストやマリア像を取り出し、祈りを捧《ささ》げるのである。ところが、これも発見次第、当局の手入れが頻繁に行われるようになり、従来は二万元だった罰金も近年は一〇万元（一六〇万円）から三〇万元（四八〇万円）に撥《は》ねあがった。

宗教活動への監視が厳しくなれば、信者らは家庭の茶会を装って少人数の儀式を行うようになり、当局の思惑とは別に信者は増加する傾向がはっきりと出ている。バチカンはこの「大市場」に目をつけ、中国との交流の確立をめざし始めている。

そして「中国よ、さようなら」

香港経済は三つの柱で成立している。第一は不動産、第二は国際金融。そして第三が観光立国、免税品の買い物天国、賭場《とば》マカオへの中継地。

この香港経済を明らかに牽引《けんいん》してきたのが李嘉誠《りかせい》率いる長江《ちょうこう》実業とハチソン集団、この二つの企業集団の株価だけで香港市場の三分の一を占めたこともあった。

李嘉誠は広東省潮州《ちょうしゅう》出身。放浪のあげくに香港へ流れ着き、最初は香港フラワーで当てた。不動産ビジネスに参入し、マンションの開発、分譲ビジネスでさらに当て、貿易、発電、輸送に進出し、いまや電力、ガスでも世界有数の企業となった。

李嘉誠は天安門事件で世界に孤立した中国に、むしろ果敢に進出し、北京、広州にランドマーク的なビルを建築した。鄧小平、江沢民から深く感謝された。この成功を見て多くの華僑が後追いし、中国のマンション、ショッピングモールの開発は当たりに当たった。

そのピークのとき（二〇一二年）、李嘉誠は突如、中国大陸に保有してきたほぼすべての不動産物件を売り払った。人民日報は「逃げるのか、李嘉誠」と批判したが、気にも留めず、「私は一インチの空地も残していない。私が建てたのはすべて価値ある不動産物件であり、高値で売却するのは商業の基本である」とした。逃げの姿勢を否定したのだ。

中国で七つの旗艦ビルの売却は総額四三四億元（邦貨換算で七〇〇〇億円弱）。

これを見ていた中国大陸の新興財閥は、アリババも大連万達《ワンダ》集団も、ＨＮＡ（中国海航）も安邦生命も舵取《かじと》りを変え、海外企業買収、不動産買収で、中国から逃げの態勢に入ったのである。

ところがその後の李嘉誠が展開していたのは、西側諸国へのシフトだった。ほかの中国の新興成金のダボハゼ的衝動買いとはことなり、李嘉誠には長期的な戦略があった。

第一に投機的な不動産開発は行わない。

第二に確実で安定的な水道、電力、ガス供給という分野に本格的に進出する。

第三に自由民主主義の国に投資する。

英国では不動産開発、ニュータウン建設も手がけたが、主力はガス、水道、下水処理、電力会社を買収した。

豪でもカナダでも、同じ大英連邦ゆえに法律、規制が香港と似ていてビジネスがやりやすかったこともあった。この勢いは止まらずポルトガル、ルクセンブルクなどへのエネルギー産業投資を続けた。

海外展開の嚆矢《こうし》となったのは英国「ノース・アーバイン・ウォーター」の買収（二〇一一年、二八二億香港ドル（四二三〇億円）で、次いで「ウエールズ&ウェスト・ユテリティ」（一二年、八二億香港ドル＝一二三〇億円）。

豪では電力供給会社と水道配給会社を買収し、二〇一三年にはインドの発電、水処理企業を買収した。その後もガス、水力発電など重要なエネルギー関連に的を絞り、二〇一六年には空前の金額（四五三億香港ドル＝六八〇〇億円）で豪のデュエット集団（電力、ガス供給企業）を買収した。同年にはドイツの総合エネルギー企業「イスタ・ルクセンブルク」も四一四億香港ドル（六二〇〇億円）で買収し、過去六年間だけの買収トータル金額は一九〇〇億香港ドル（二兆八五〇〇億円）にも上るのである。

つまり香港一の財閥が示唆しているのは「さらば、中国」である。

第四章

権力闘争とは利権争奪戦でもある

誰もいない砂漠で軍事パレード

習近平の執念は何としても軍を掌握したいという野望に基づく。その焦りが随所に現れる。

二〇一七年七月三十日、中国人民解放軍は創立九〇周年の軍事パレードを内蒙古《うちもうこ》自治区の朱日和《チュリへ》訓練基地で挙行した。習近平がとうとう軍事権力を掌握したゾという無理やりの演出である。

パレードには陸軍一万二〇〇〇名、戦車六〇〇台、空軍機一〇〇機が参加した。最新鋭のステルス型ジャット戦闘機「殲《せん》20」や空中空輸機も登場した。指揮を執ったのは習近平子飼いで、いきなり空軍司令官に出世した丁来杭《ていらいこう》中将だった。

朱日和基地の命名はモンゴル語の「チュリへ」と当てた漢字表現である。一九五七年、中国が南モンゴルを侵略後、主として戦車の訓練基地として開発したもので、目的は当時のソ連との軍事対決に備えるためだった。

しかし寒冷の台地に位置するため冬場はマイナス四三度を記録するほどの極寒天気になる。半年は軍事演習に使えず、九七年にようやくハイテク兵器の実験場として活用を再開した。二〇〇三年に初めて軍事基地の存在を公開した。それまで朱日和基地は存在さえ秘密とされ軍人の多くも場所さえ知らなかった。

習近平は迷彩服に身を包み、整列の兵士から「主席」と呼ばれご満悦、最新鋭のミサイルなどを並べて、その「威力」を誇示し、「中国は世界一流の軍隊」と自画自賛した。参加人員が一万二〇〇〇名だったのは、通常一万三〇〇〇名を超えると国際視察を受け入れなければならないため外国の駐在武官に見せたくなかったからである。

中国共産党は一九二七年八月一日の「南昌起義《なんしょうきぎ》」を革命の嚆矢としている。しかし共産党創立史そのものも革命後の作文であって中味はまるで出鱈目《でたらめ》、辻褄合わせに過ぎない。党の支配を正当化するための改竄《かいざん》が多く、たとえば共産党第一回大会の展示は上海にあるが、革命後つくられた毛沢東神話に基づく。展示室や展示パネルを見ても嘘くさいものばかりである。共産党は陳独秀《ちんどくしゅう》が創設した。毛沢東の主導権確立は鄭義会議以後である。

したがって人民解放軍のご先祖を「八一起義」に求めるのは明らかに後知恵であり、だいいち江西省南昌で起きたゲリラの武装蜂起《ほうき》は失敗している。それから九〇年たってからパレードを行うというのも「わが軍の歴史はかくも古いのです」と内外に宣伝し、正統性を訴えたかったのだ。

しかし軍事パレードをなぜ北京からはるかに遠い内蒙古自治区の曠野《こうや》で行ったのか。

見られたくなかったからだ。その証拠に在北京の外国人特派員も外国の駐在武官も誰も呼ばれていない。あまつさえ写真、映像のビデオは新華社からの下げ渡し。映像に作為があってもわからない。あの北朝鮮のロケット打ち上げの映像を見れば明らかだが、周辺は森林風景のフィルムが公開されている。北朝鮮が打ち上げたという場所は禿《は》げ山である。

ともかく軍事パレードと言えば北京天安門広場前での閲兵が恒例行事だった。北京以外でパレードがなされたのは三六年ぶりだった。内蒙古での訓練理由は表面的に考えれば朱日和訓練基地は一〇〇〇平方キロという宏大な敷地であり、ほかに大規模なパレードをやる場所がないという理由があげられる。

次に反中国派の大統領が誕生した北のモンゴルへの政治ショーとしての見せつけも含まれ、同時に内蒙古自治区に潜伏する南モンゴル独立運動の封じ込め、さらには西側のみならずモスクワと平壌《ピョンヤン》への軍事力誇示であろう。

国際情勢を勘案すれば北朝鮮国境、あるいは吉林《きつりん》省や遼寧省でパレードを行ったほうが政治的宣伝としても適切であり、米国に対しても効果的であっただろう。しかるに東北三省を避け、ひたすら内蒙古高原でのパレードを演出して、習近平は軍を掌握した象徴的行事と位置づけることに懸命だった。

対外宣伝より対内誇示であり、自らの軍隊へ向けての示威にこそ大きな意味がある。その傍証となるのが、直後に動き出した軍の人事である。

習近平は党大会を前に軍事委員会人事を固めだし、上層部を習近平への忠誠組で囲ませた。「裸退」といわれた胡錦濤は党書記、軍事委員会主任、国家主席を一度に返上したが、それでも引退前に軍の首脳部を胡錦濤派で固めた。副主席には許基亮《きょきりょう》と范長龍《はんちょうりゅう》をそえ、江沢民派が多かった中央軍事委員会のカラーを一気に塗り替えた。

それまでの慣習では軍上層部の人事は党大会あとの「一中全会」で決めるしきたりだった。胡錦濤は過去の通例を破って党大会の一週間前に電光石火、軍の上層部を入れ換えた。習近平もこの前例に倣い党大会前に軍を固めた。習近平は江沢民派の巨頭だった徐才厚《じょさいこう》と郭伯雄《かくはくゆう》を失脚させ、「胡錦濤」色の強い軍人等を次第に自派に取り込んで、さらには四大総部（総政治部、総装備部、総参謀部、総後勤部）を一五の部局にばらし、七大軍管区を五大戦区として、そのトップに習近平に忠誠を誓う軍人たちを登用してきた。

最後まで手つかずだったのが旧瀋陽軍区（北部戦区）だ。ここは北朝鮮に睨みをきかせるばかりか、山海関《さんかいかん》を防衛するという重大な任務を帯びている。しかも習近平に従わない軍人が集中しており、また地方軍閥化して北朝鮮との利権がからむビジネスを牛耳ってきた。習にとってはアンタッチャブルな戦区だったのである。

空論に近い軍の再編

四月の訪米に随行させた総参謀部長房峰輝《ぼうほうき》が更迭され、そのポスト（改編後の肩書きは「統合参謀部参謀長」）に李作成《りさくせい》を当てた。

李作成の新任がわかったのはパキスタン軍幹部との会見で、統合参謀部参謀長という肩書きで出てきたからだ。

李作成は二六歳のときに中越戦争に参戦した経験があり、第一四集団第八連隊で、「戦闘英雄」の勲章をもらった。江沢民とはそりが合わず長年冷遇されてきた。習近平になって、この李作成を大将に引き上げた。

房峰輝（前統合参謀部参謀長）、馬暁天《ばぎょうてん》（空軍司令官）、呉勝利《ごしょうり》（海軍司令官）、そして張陽《ちょうよう》（政治工作部主任）と軍人上層部が次々と失脚、あるいは拘束され、習礼賛派と交替したという意味は、軍が「習のプライベート・アーミー化」している事態である。

軍の人事でとくに衝撃をともなったのは房、馬、呉の三人は現職の中央軍事委員会委員であり、呉勝利の場合、父親は浙江省副省長を務めた太子党（房峰輝、張陽も太子党）であり、手を出せないとされてきた。呉は海軍の密輸事件に絡んだと噂《うわさ》され、二〇一四年ごろから黒い醜聞がひろがってはいた。しかし「海軍の父」と言われた劉華清《りゅうかせい》の軍拡、海軍重視路線を守り、海軍を掌握してきた。

参謀部長に李作成、海軍司令員（司令官）は沈金龍《ちんきんりゅう》。空軍司令官は丁来杭（北部戦区空軍司令官）、陸軍司令官には韓衛国《かんえいこく》（中部戦区司令官）が抜擢《ばってき》された。韓は六一歳、丁は中将のままで昇格した。いずれも習近平のかつての赴任地で意思疎通のある旧南京軍区の人脈から選ばれている。あたかも人民解放軍は共産党従属という軍隊から習近平直属の軍隊へと変貌を遂げるかのようである。

この状況は習近平が軍事委員会から胡錦濤人脈をすべて追い出し、自分に忠誠を誓う軍人であれば能力を度外視しての抜擢人事であり、スターリンの恐怖政治に似てきた。これでは軍が十全に機能しないだろう。

ソ連軍は讒言《ざんげん》や密告によってトップが連続して粛清され、スターリンに忠誠を誓う軍人が要職を占めた。したがって実戦経験に不足し、対独戦では一部が壊滅状態に陥ったほど、士気は麻のように乱れ、軍の組織に総合性を失い、軍隊そのものが烏合《うごう》の衆と化した。

建設現場にたとえるとあるいは理解しやすいかも知れない。

ある現場で五本の主柱がある建設を請け負ったとする。工事現場で各班は指揮系統が明確化されていたので、おのおのの任務を円滑にこなした。ある日、突然、五本の柱を取りやめ、設計変更。一五の小骨に改編され、持ち場も外壁担当がインテリアへ廻され、電気系統担当が水道管など水回りに部署が交替となり、ボイラー担当がエレベータ部門に廻され、「さぁ、頑張ろう！」と言われても、全体を統括できず、各現場責任者は請け負った現場において適切な判断ができない。

組織に柔軟性が欠け、整合性を失い、全体の指揮系統が乱れる。となれば軍そのものの全体が機能せず、工事は遅れに遅れる。

これを現在の組織再編中の中国人民解放軍に当てはめてみると、五つの縦割り組織の元締め（総政治部、総参謀部、総装備部、総後勤部と戦略ロケット軍）が、統合参謀部、政治工作部など一五に別れ、誰が何をどうするのか具体的な分担範囲が不明となった。

七つの軍管区が五つの戦区に改編され、自分の部隊がどちらの所属なのか不明となった。とくに北部戦区と中央戦区の山東省と河北省の地域分担が末端では不明確のまま、海軍でも北海艦隊、東海艦隊、南海艦隊と海兵隊が色分け不明瞭のまま、海軍司令員には南海艦隊から人が来た。

海兵隊は各艦隊から切り離されて独立した組織となった。

それでなくても軍の内部は不穏だった。軍の国軍化を唱えた谷俊山が汚職容疑で失脚し、それから三年を経ずして中央軍事委員会副主任だった徐才厚と郭伯雄の二人が失脚となり、旧瀋陽軍管区の不満は爆発寸前となった。北京のど真ん中で軍人が抗議集会を開催するなど、習近平の軍組織再編は軍隊内部からは不評さくさくとなっていたのだ。

いや、この事態で軍を機能的に再編するというパターンであれば、毛沢東が朝鮮戦争で敵対した軍閥を前線に駆り出したように、鄧小平がベトナムに戦争を仕掛けたように、習近平に残された選択肢は、やっぱり戦争ということになる。

第一九回中国共産党大会の直前に参加者名簿から大物の名前が消えたことが判明した。失脚が明らかとなったのは共青団系で周強《しゅうきょう》、孫政才《そんせいさい》らかつて胡春華《こしゅんか》と将来を嘱望されたリーダーの名前がないのは予想通りだが、軍の代表団リストにも異変が見られた。

毛沢東の孫、毛新宇《もうしんう》（陸軍中将）。劉少奇《りゅうしょうき》の子、劉源《りゅうげん》（上将。かつては習近平の軍師と言われた）、胡耀邦《こようほう》の女婿、劉暁江《りゅうぎょうこう》（海軍上将＝提督）。張震《ちょうしん》の子、張海陽《ちょうかいよう》（上将）。李先念《りせんねん》の女婿、劉亜洲《りゅうあしゅう》（上将。かつては反日軍人のトップ）など五人もの太子党軍人の大物が、リストから外されていた。五人はともに革命元勲の末裔であり中国共産党を代表する顔でもあり才能があるかないかは別に、象徴的存在だった。とくに毛沢東、劉少奇の裔が党大会にさえ出席できなくなったというのは異変である。

前回の党大会では四一名が中央委員を兼ねていた。その後、王建平《おうけんぺい》、田修思《でんしゅうし》ら軍人の大物らが退任していた。次の党大会では軍から三四名の軍人が新しいメンバーとなる。

退任が確定した軍人のなかでも范長龍（軍事委員会副主任）、常万全《じょうばんせん》（国防部長）、趙克石《ちょうこくせき》らの名前がある。軍トップの移動人事はかなり大幅なうえ、特徴的なのは習近平に忠誠を誓う軍人が選ばれているのは当然の流れにせよ、平均年齢が五〇代後半から六〇台前半と若返った。

習近平の子飼いが重慶市書記に栄転

秋の中国共産党第一九回党大会を前に、北京中南海が大揺れに揺れた。

その事件は二〇一七年七月十日だった。突然、重慶書記の孫政才が失脚し、貴州省書記の陳敏爾《ちんびんじ》が後釜を引き継いだのだ。

孫政才は胡錦濤前政権時代に共青団（共産主義青年団＝「団派」ともいう）のライジングスターと言われ、四九歳で農業相、第一八回党大会で政治局員に抜擢された。一時は次期首相候補として有力視された。失脚理由は前の重慶書記で習近平最大の政敵だった薄熙来時代の汚職体質が一掃されなかった責任云々、あるいは孫夫人の汚職にあるとされた。

新たに重慶特別市の書記となった陳敏爾は浙江省時代からの習近平の子飼いで、習近平が浙江省書記のおりは党宣伝部長を務めた。二段階特進で貴州省書記になったときも想定外の人事だったので驚かれた。

政治における派閥均衡、人脈のバランスから言えば、貴州省という田舎から重慶特別市への「横滑り」人事は中国共産党ランキングで見ると大出世なのである。すでに陳敏爾は二〇五名いる中央委員メンバーであり、次期政治局入りは間違いないとされた。

孫政才は団派同士では胡春華とのライバル関係にあった。ところが孫政才はいつしか共青団人脈から習近平に近づいたため胡錦濤人脈から嫌われてきた。

もう一人のライジングスター胡春華は広東省書記だった。このポストは一貫して反主流派の大物が抑える。前任者は汪洋《おうよう》（現政治局常務委員、序列四位）だった。汪洋は国際的にも顔が広く、日本の要人が訪中すると必ず面会するのも彼なら米国との戦略対話の中国側の責任者でもあり、四月の習近平訪米でもトランプとのトップ会談で習の隣席に座っている。

人事をめぐる本格的な派閥争いが、水面下から表面に出始めた。孫政才の失脚による玉突き現象が広がった。

これまでの動きをざっと振り返ることによって構造的対立の図式が浮かんでくる。

大雑把に言うと中国共産党の権力対立は、習近平 vs. 江沢民派（上海派）から始まり、当初、強力な派閥を持たない習近平は団派と共闘関係にあった。

朋友の王岐山（前政治局常務委員。中央規律委員会主席）が反腐敗キャンペーンで「大虎も子蝿《こばえ》も」、汚職幹部は容赦しないとし、軍人で江沢民派だった徐才厚と郭伯雄を血祭りに上げ、薄熙来に次いで検察司法をおさえていた周永康《しゅうえいこう》を追い落とし、その勢いあまって団派の大番頭だった令計劃《れいけいかく》を拘束し裁判にかけた（無期懲役）。

この令計劃失脚を契機に習近平は胡錦濤・李克強率いる団派とも激烈な対立関係となる。李克強首相は経済政策の決定権も習近平に奪われ、ずっと横を向いたままだ。トップセブンのうち習を除いて李克強首相は団派、王岐山と兪正声《ゆせいせい》は太子党、そして残りの劉雲山《りゅううんざん》、張徳江《ちょうとくこう》、張高麗《ちょうこうらい》が江沢民派。つまり習の朋友はトップレベルでは王岐山しかいなかったのである。政治局常務委員をのぞく政治局の残り一八名を見ても李源潮、劉延《りゅうえん》東《とう》、胡春華ら団派が一〇名。習派はわずかに栗戦書《りつせんしょ》と王滬寧《おうこねい》くらいだった。

前者は文革時代に陝西省に下放されていた習近平の友人であり、後者は江沢民、胡錦濤、そして習近平と三代につかえる外交ブレーン、すなわち「中国のキッシンジャー」である。

王岐山の腐敗撲滅運動で主要な敵をつぶしてきたが夏ごろに情勢が変化した。庶民は反腐敗キャンペーンに拍手喝采だが、共産党内は戦々恐々、王岐山への恨みは凄まじく暗殺未遂は二七回に達したとされる。しかし第一九回党大会を前に習近平にとっては王岐山のパワーがこれ以上伸びることを怖れだした。歴代皇帝が寵臣《ちょうしん》を粛清して権力を絶対のものとしたように、そろそろ「使い捨て」の対象にし始めたのだ。

身の危険を感じた王岐山は七月三日に北京で全国扶養工作会議を主催し、テレビ会議に未曾有の一二万人が参加した。この「扶貧領域監督執規問責工作電視会議」とは日本的に言えば「貧困扶助事業の監督と問責工作のためのテレビ会議」である。中国共産党がどこまで本気で貧困排除をやっているか、きちんと監督し、工作を奨励する目的がある。

そこで参会者全員が白のワイシャツを着ているなか、一人王岐山だけは紺色のシャツに薄茶のジャンパーを羽織っていた。存在感の誇示である。

派閥の領袖、金庫番、そして政商

こうした権力闘争が基軸の人脈、対立構図は表層の動きであり、裏舞台で進行しているのは利権の争奪戦なのである。

各派閥の領袖《りょうしゅう》には金庫番がおり、その金庫番と密接につながるのが中国独特の「政商」たちである。習近平が国際手配しているトップは天才的詐欺師の郭文貴《かくぶんき》である。郭は江沢民派の金庫番だった。

郭文貴は中国から忽然《こつぜん》といなくなり、以後、欧米メディアに頻繁に登場し、「共産党幹部等の秘密を握っているが、ばらしても良いぞ」と爆弾発言を続けている。それぱかりか最近はダライ・ラマ法王とも面会したことがわかった。郭文貴は江沢民、曽慶紅《そうけいこう》ら上海派人脈に深く食い込み、かれらの資産形成、とくに外国への資産隠匿の走狗として世界を走り回った。

あることないことを言いふらす拡声器ゆえに被害も大きく、かつて女優のチャン・ツーイーが薄熙来の愛人と報じられ裁判沙汰《ざた》となったように、こんどは女優のファン・ピンピン（范冰々）が王岐山の愛人だという説を流し、怒った范は裁判を起こした。

どうも郭文貴がターゲットとしているのは王岐山、その上に君臨する習近平である。となればこの在米宣伝キャンペーンの背後にいるのは江沢民、曽慶紅だろう。

郭文貴は王岐山には愛人との間に二人の子供がいると暴露し、その本名も明かした。米国と豪に十数軒もの豪邸があることも明かして習近平政権中枢へミサイルをぶち込んだ。

雑誌『財訊』は世界的に読まれる中国経済界のメディアである。二〇一七年七月三十一日発売号の同誌は、ニューヨークに逃亡中の郭文貴がアブダビで、王族の大金持ちと組んで「ACAキャピタル」というファンドを創設し、アブダビの王室ファンドは一五億ドルを出資したとも伝えた。アブダビ王室に、この郭文貴を紹介したのはブレア元英首相だった。将来性のある企業、ベンチャーに投資すると謳われたが、実際には郭文貴の借金返済に廻された。これが二〇一四年のことである。

二〇一五年、公安副部長だった馬建《ばけん》の失脚を知った郭はさっと米国に移住した。アブダビの投資家は慌ててニューヨークの郭文貴を訪ねて問いただすと「心配要らない。オレはもっと上の共産党幹部と特別なコネがある」と豪語し、驚くべきことに追加で一五億ドルを出資させるのだった。

郭はこのカネでNYの豪華ホテルを借り切り、さらに香港の海通国際証券の株式四二％を取得した。そしてアブダビの出資者に中国で保有する財産を処分して、全額をACAキャピタルに返還するとした。

すでに中国国内では郭文貴の財産は凍結されており返済は不可能となった。アブダビは面目丸つぶれとなるのを避けるため、この話を公表しておらず、郭文貴はツイッターで「私を貶《おと》めるための謀略報道」だと反論している。真相は薮《やぶ》のなか、おそらく報道に近いことが起きたのであろう。

中国は自国のメディアを駆使して「郭は犯罪者、嘘つき」と繰り返し放送し、そのうえでNY地裁に合計五三億ドルの損害があるとして訴追している。とくにHNA集団（海南航空などが基軸の投資集団）は三億ドルの被害があったとして訴状を出した。HNAは王岐山系列の大企業である。

ところで郭の在米滞在ビザは年内で無効となるため八月末から郭のアメリカへの政治亡命の動きがあるとの観測が上がっていた。

ワシントンの弁護士、トーマス・ラグラント（クラーク・ヒルPCL法律事務所所属）は「九月六日付けで、正式に政治亡命を申請した。通常のケースとは異なり、彼の亡命が認められるまでに二年か三年はかかるだろう」との見通しを述べた。

かつてオバマ政権で国土安全保障局長を務めたジェ・ジョンソン（ポール・ライズ・リフキンド法律事務所幹部）が応援団に名乗りを上げた。「彼こそはアメリカが亡命を認めるべき人物である」と表明し、米国司法界に一石を投じた形となった。

オバマ政権は成都《せいと》の米国領事館にかけこんだ王立軍《おうりつぐん》の亡命を認めず（領事から北京のロック大使につながり、この駐北京大使はオバマ大統領の直接裁可を仰いだが、人権をうるさく言ったはずのオバマは亡命を認めなかった）、それぱかりかオバマ政権はノーベル平和賞の劉暁波《りゅうぎょうは》の釈放要求もしないほど中国に対して大甘だった。

ともかく郭文貴の存在は中国にとって目の上のたんこぶである。

利権と腐臭が中国のＤＮＡだ

中国に拉致《らち》され、拘束されているインサイダー取引の闇の帝王こと肖建華《しょうけんか》の兄貴分が前述の郭文貴である。

肖建華もまた江沢民一族の資産形成を香港市場を通じて実践してきた証券マンあがりで、香港の豪華ホテル＝フォーシーズンズに長期滞在していた。ボディガード八名が付き添っていたのに白昼堂々と拉致され、北京で取り調べを受ける身となった。秘密の暴露を事前に封じ込めているわけで、薄煕来の金庫番だった徐明《じょめい》が獄中で謎の死を遂げたように暗殺という口封じの可能性もある。

郭文貴は肖建華とともに中国の株式インサイダー取引に絡み、秘密口座などを駆使して、太子党や共産党幹部のカネを運用していた。それゆえ秘密を握るのだ。

郭文貴は上海に設立した「海通国際証券」（Haiton Security）を通じて世界のプロジェクトに派手な投資を繰り返し、とくに二〇一四年には三八五億ドルを七つのプロジェクトに投下した。資金繰りが苦しくなると二〇一五年にはＵＢＳから七億七五〇〇万ドルを借りて焦げ付かせＵＢＳが訴追した。スイス銀行の大手ＵＢＳも、彼の手口に引っかかった。

米国のメディアに神出鬼没の郭文貴だが、ブレア首相との昵懇《じっこん》な関係から、世界の投資家との間にコネクションを築き上げ、とくにブレア夫人の著作（二〇〇九年出版。『私自身を語る』）の原書を五〇〇冊、中国語訳本を五〇〇〇冊も買い上げて、その政治ロビイスト的な、金銭の配り方も中国人の伝統的な遣り方だった。

中国語メディアやユーチューブなど西側のメディアを駆使して、中国共産党の腐敗を暴くのだから、中国にとっては「除去」すべき対象である。ただし郭文貴の暴露した高官らの腐敗などすでに多くのチャイナウォッチャーにとっては既知の事実でしかない。

つぎに拘束されたのが鄧小平の孫娘と結婚し「紅二代」といわれる、安邦保険のボス＝呉小暉《ごしょうき》だ。安邦保険集団のボスが当局に拘束されたニュースに対応して安邦保険は声明を出し「『個人的な理由』により、会社のトップの座を降りた」とした。

しかし事情通なら、この呉小暉の拘束は郭、肖のコネクションと連鎖している事実がわかる。また複数の中国語メディアは呉が、郭に一億ドルを貸していた事実も掴《つか》んでいる。

英国フィナンシャルタイムズは、「呉小暉には出国禁止の措置が取られている」と報じており、海外への逃亡は不可能となった。

安邦保険といえば海外への投資に異様な熱意で取り組み、カナダ、米国、韓国などで派手な企業買収を繰り返して蛮名を馳《は》せた。

絶頂期は二〇一五年のNYのウォルドルフ・アストリアホテルの買収である。天下の名門、先帝陛下もお泊りになった老舗で、地下には大統領専用の列車プラットフォームもあった。買収額は一九億五〇〇〇万ドル（二一四五億円）だった。以後、アメリカ大統領は、盗聴を避けるために、このホテルを使わなくなり、日本の安倍首相もNYでは日系のキタノホテルを定宿とするようになった。

安邦集団の資産は二四二〇億ドル（二七兆円弱）に達する。オランダのヴィバント、韓国のトンヤン生命、全米のホテルチェーン、そして中国では民生銀行、中国農業銀行の大株主であり、その買収による肥大化を「中国のブラックストーン」とたとえる向きもあった。ブラックストーンは米で有力な禿鷹《はげたか》ファンドである。

呉小暉は浙江省温州生まれ、五一歳。温州はいうまでもなく「中国のユダヤ人」と言われる土地柄で投機大好き。がめつい商人を輩出する地域として有名だ。呉の初婚の相手は当時の温州市長だった劉錫栄《りゅうしゃくえい》の娘だった。陳毅《ちんき》（元元帥、革命の元勲）の息子、陳小魯《ちんしょうろ》とも親しく、再婚した相手は驚くなかれ、鄧小平の孫娘、卓苒《たくぜん》である。

このトップ拘束で六月十四日、香港A株に上場されている安邦生命保険の株価が暴落し、四五億二四〇〇万元（邦貨換算七二八億円強）が一日で蒸発した。中国全土に三万人の従業員、保険契約者は三五〇〇万人。総資産は一九〇〇〇億元。投資家はパニック状態である。すでに米国で買収したウォルドルフ・アストリアホテル、スターウッド・ホテルチェーンなど在米資産の売却も噂され始めている。同集団の在米資産は六〇億米ドル（六六九九億円）という。

二〇一六年十一月に呉小輝はトランプ大統領の女婿クシュナーと面会した。ニュージャージー州のトランプタワー分譲案件はこのクシュナーの親族が「永住ビザに有利」と売り出していたため、安邦集団が主導し、中国人投資家がごっそりと購入し、米国でも問題視されてきた。

この余波を受けて、九月に訪中を予定していたクシュナー・イヴァンカ夫婦が突如北京入りをキャンセルした。

夫君には妹のマンション販売が中国富裕層向けであり、米国の滞在ビザに便宜を図った疑惑があり、またイヴァンカには新しい問題が浮上したからだった。イヴァンカ・ブランドのハンドバッグ、靴、衣服などは大量に中国でつくられているが、製造元が不明で、およそ九〇%が中国の誰がつくっているか不明とされたうえ、一部判明した製造者は中国共産党の国有企業だった。これらは大量に米国へ輸出されたが、同時に中国政府の輸出補助金を交付される。

米国から見ればフェアな貿易とは言えず、ダンピング、不正輸出の疑惑となり、政治問題化する怖れがあった。その直前に、スティーブ・バノン（前米大統領上級顧問。首席戦略官）は香港で講演の後、ひそかに北京入りし、中南海の共産党施設で、王岐山と会談した。会談は九〇分間で、中国のメディアは沈黙を守った。観測筋によると、会談の内容は腐敗退治キャンペーンではなく、経済問題だったという。そのあと、バノンはワシントンとＮＹで郭文貴と二回面談していたこともわかった。

中国メディアが大騒ぎしているのは紅二代に成り上がったエスタブリシュメントには絶対に捜査の手が伸びないとされていたが、にもかかわらず王岐山主導の「反腐敗キャンペーン」チームは彼を拘束し、「聖域」に挑戦したからである。

保険契約者はプレミアムの支払いが行われるかどうか疑心暗鬼に陥った。銀行なら取り付け騒ぎに発展しかねない。

単に保険会社のボスの拘束ではなく、これは北京中南海の陰湿な権力闘争の荒波のなかから派生した汚職事件であり、これから株価崩落がさらに下落方向へ突き進めば、バブル崩壊の序曲が奏でられたことになる。

こう見てくると郭文貴が暴いているのは王岐山の海外の豪邸とか、習近平の姉たちの不正蓄財であり、どう考えても江沢民派の巻き返しということになる。

そして中国最大財閥が危機に瀕した

二〇一六年まで『フォーブス』の中国財閥ランキングでアリババの馬雲より上、つまり中国最大の財閥と目されてきた万達集団の王健林《おうけんりん》は直近のランキング報道で四位に転落した。事実上の経営危機、本丸を次々と売却して有利子負債の軽減に努めたのが直接の原因である。

五年前に大連へ取材に行ったおり、旧日本人町からロシア街へ取材に向かう途中、大きな病院の側、公園の斜め向かいに雲を衝くような摩天楼があって、運転手に「あのビルは?」と聞くと「あれが万達集団の本社ビルさ」と答えた。

七月に王健林が貴州省を訪問したとき、当時、同省書記だった陳敏爾が出てきた。つまり、このとき、習近平の子分と並んでの演出は、背後にある政争で王健林が権力に近いことを示唆した。というのも、中国銀行監査管理委員会は万達集団から申請の出ていた六件の海外企業買収案件につき、「いかなる送金も認めない」と決定したばかりだったからだ。

同委員会はすべての銀行に口頭で通達し、万達集団のいかなる海外送金もこれを禁止するという内容で、とどのつまりは海外送金停止。すべての万達の国際業務が止まることを意味する。わかりやすく言えば中国財閥のトップ「万達集団」へ「海外送金を認めるな」と銀行当局が通達を出したわけだ。この措置は北海道の別荘地を買収している復星集団などにも適用され、例外が国家の資源戦略を遂行する国有企業と王岐山に近いと言われた海航集団だけだった。

窮地に追い込まれた王健林は迅速に対応した。

万達集団は強気の海外企業買収のほとんどを銀行からの借り入れに頼ったため債務超過となっていた。この解消のため保有するホテルと娯楽施設、テーマパークを九三億ドルで、売りに出した。ほかにもハリウッドの映画製作会社の買収は契約まで進んでいたが、送金ができず案件は宙に浮いた。

二〇一二年に米国の映画館チェーン「AMC劇場」（八二〇〇スクリーン）を二六億ドルで買収したのを皮切りに、豪華ヨット会社、マドリードのランドマーク「エデフィシオ・エスパニオール」（四億ドルで買収後、二〇一六年に売却）、スイスのスポーツマーケッティング企業「インフロント・スポーツ」（一五年。一二億ドル）と続いた。

王健林は豪とNZにも目をつけ、最大の映画館チェーン「ホイツシネマ」（三億六〇〇〇万ドル）を買収し、さらにハリウッド映画スタジオ「レジェンダリー・エンターティンメント」（三五億ドル）など、片っ端から娯楽産業を強気、強気で買収してきた。

二〇一五年末から中国政府の厳格な外貨制限に直面し経営戦略の修正、縮小を迫られていた。ハリウッド映画買収失敗以外にも宙に浮いたのは「ノルディック・シネマ」と米国の「カーマイク・シネマ」（二九五四スクリーン。提示金額一一億ドル）だった。後者は北欧諸国（スエーデン、フィンランド、エストニアなどに六六四スクリーン。提示金額は九億三〇〇〇万ドルだった）。

北欧諸国は中国の資金を期待していただけに、最近の急激な経済悪化に戸惑いの色を隠せない。王健林は「二〇二〇年に世界最大の映画館チェーンを保有する」という途方もない夢を豪語していた。

王健林は米国のメディアからも中国最大企業家と持ち上げられ、ハーバードのビジネススクールに二回も招かれて講演している。とくに二〇一五年十一月の講演で王は得々と習近平一家と親しい関係を自ら喋《しゃべ》った。香港にいる姉妹に上場前の株式を保有してもらい、彼女らは大儲《もう》けしたという内輪話を口走ってしまったのだ。

同じころ、米国連邦議会では、「ハリウッド映画はアメリカ文化、買収を許すな」という騒ぎが始まっていた。

二〇一六年暮れに香港で上場していた子会社「万達商業」を上場廃止したためS&P（スタンダード・プアーズ）は万達社債のランクをBBBに下げていた。以後、S&Pは、中国国債の格付けも二回にわたり格下げした。

　王健林はマレーシアの住宅開発プロジェクトから手を引くとした。

　中国当局が七月十日に「信用調査」を命じて以来、万達集団はホテルとテーマパークのあらかたを売却する方針が公表され、全額を借入金の返済に充てる。

　売却先の「融創中国」（天津）は同業者で業界七位、手持ち資金はなく、その半分の金額を王健林が個人財産を担保に銀行から借りて融資するという内幕が暴露され、奇怪千万、「見せかけ」売却ではないかと騒がれた。

　あわてて王健林は売却先を変更し、富力地産（広州）にホテルを、テーマパークを融創集団にと二つに分けての売却とし、さらに後者への融資は行わないとした。

　それでも万達は子会社の「万達商業地産」の借り入れが三兆二〇〇〇億円にも上り、株式市場が大揺れとなった。万達全体の有利子債務は一三兆円を超える。このままビジネスが萎《しぼ》めば、「第二のダイエー」になる懸念が拡大した。

　かなりの苦境に追い詰められ、八月二十五日、王健林は家族とともに天津空港からプライベート・ジェットでロンドンへ高飛びしようとしていた。突然、出国を止められ数時間にわたって拘束され、英国行きはキャンセルされた。以後、九月下旬に香港へ出国するまで出国が事実上禁止されていた。

中国共産党にとって、もう一つの頭痛の種は米国へ亡命した令完成《れいかんせい》（胡錦濤の番頭だった令計劃の実弟）が持ち出した秘密ファイルだ。

現在、中国の富裕層で資産が一〇億ドル（一一〇〇億円）以上と見積もられている財閥は四三〇人。王健林の個人資産は三五〇億ドル（三兆八五〇〇億円）と言われる。ところ万達集団（王健林の本丸）は有利子負債が一〇兆円以上あり、債務超過と算定された。孫正義《そんまさよし》の有利子負債は一五兆円。しかし保有する株式の時価総額が一六兆円あると言われ、債務超過とは算定されていない。

党大会直後に王はさらに大々的な資産処分を発表するだろうと見られる。

かくして習近平一族と親しいとされた万達集団にも規制の網が及んだことは、すでに海外資産買収の勢いが削がれ、同種の買収工作をすすめてきた復星集団（北海道の星野リゾート買収で有名）、安邦保険などへ波及している。背後にあるのは外貨保有の急速な落ち込みに急ブレーキをかけてきた当局が、もっとも効果的な方法として、メディアに突出する中国の有名企業の海外への送金をばっさりと制御した政策の変更である。

第五章

中東、中南米、アフリカでも止まらない「反中国感情」

第一節　中国を凌駕する魑魅魍魎の中東情勢

次の中東の戦雲はどこか

中東の混乱は日本に死活的な意味を持つ。

サウジアラビアを筆頭とする中東諸国の原油に日本は九〇％を依存する。しかし日本が最大のバイヤーではない。

中国は世界中から一日九〇〇万バーレル強の原油を輸入している。二位は五〇〇万バーレル強のインド、日本は四〇〇万バーレルそこそこで世界三位に「転落」した（もっとも日本は省エネが進んでおり日本車の燃費効率は世界一である）。

トランプは初の外遊先をサウジアラビアとした。第一にオバマ政権下で冷却した両国関係の正常化、外交の修復にあり、第二に一一〇〇億ドルにも及ぶ武器輸出である。その後、米国政権の主要人物のサウジ詣《もう》でが続いている。間隙をぬって中国は政治局常務委員で「石油派」の張高麗をリヤドに送り国王と面談させた（二〇一七年八月二十四日）。

中国も中東外交には必死なのである。

米国は自身が産油国でありサウジアラビアからの原油輸入は必要がないのだが、米国がサウジ重視路線を継続させているのは原油取引の決済をドル基軸として維持させる必要性からである。何としても世界経済の秩序維持のためにドル基軸体制を守る。人民元決済にはさせないというのが米英の堅い決意なのだ。英国ははなからユーロには加わらず、EUからも離脱したように米国との通貨体制堅持では共通の利益を持つ。

ニクソン時代にキッシンジャーがサウジに行って密約をなした内容とは「サウジ王家を米国は守る。必要な武器を供与する。その替わり石油取引をドル建てとし、余剰資金でアメリカの国債を購入する」ことだった。

原油価格暴落と低迷によって悲鳴をあげたのはロシア、ベネズエラばかりではなかった。中東の産油国もこぞって音を上げた。豊かな国だったサウジが財政赤字に陥り、国営企業アラムコの株式を市場で売却する決意をした。苦境に陥った経済の回復をはかるために初の赤字国債も発行した。アラムコはニューヨークとロンドンでＩＰＯ（株式公開）に踏み切り、一〇〇〇億ドルを調達した。さらにゴールドマンサックスはサウジのリヤド、ジェッダ両国際空港の民営化（シンガポールのチャンギ空港のように）を進言している。

こうしたサウジの経済改革は「サッチャーの民営化路線の中東版であり、一三年後には軌道回復する」（英紙ガーディアン、一七年九月四日）。

上場されるアラムコの大株主を狙うのが中国でペトロチャイナがすでに名乗りを上げている。いずれ政治的発言力を倍加させ、原油取引もドル建てから人民元建てに切り替えをサウジに要求するだろう。

異変の兆候は別の方面から出てきた。

サウジ国王がじきじきに訪ロ、プーチン大統領と会見したのである。これは中東情勢が劇的に変わる前兆である。

サルマン国王は高齢、めったに外国へ出ない。これまでサウジの外交はムハンマド皇太子が担い、二回、モスクワへ飛んでいる。ならば国王がこの時期になぜ他の国を差し置いてロシア訪問に踏み切ったのか。

二〇一七年十月四日、サルマン国王はモスクワに到着し、五日にはクレムリン宮殿でプーチン大統領と会見した。

サウジは冷戦時代、一貫して旧ソ連を敵視した。ソ連は無神論を建前としたから、イスラム国家の代表を自認するサウジが米国の敵と親しくなるはずはなかった。冷戦が終わり、中東からソ連の影響力が去るとサウジは態度を軟化させ、かつて犬猿の仲だった両国がそれぞれに接触する必要性が生まれた。

二〇一五年にロシアは一〇〇億ドルの共同プロジェクトを謳い、農業や不動産開発のプロジェクトを推進する協定に署名した。サウジはサウジでロシアへ一〇億ドルの投資を行い、もっと増やすと約束している。

第一にロシアとサウジアラビア両国で世界の石油生産の二五％（四分の一）を占めるという事実を把握しておく必要がある。ロシアはＯＰＥＣ加盟国ではなく、サウジが進めた原油増産、減算という石油価格調整政策にパラレルにしたがったことはない。しかし両国は原油市況が半減したことから、お互いの孤立的な立場の補完を模索し始めた。

第二にサウジアラビアが「脱石油文明」を目指すという「ビジョン２０３０」に、ロシアは何ほどの関心も示さなかった過去を忘れたかのように、俄然《がぜん》熱心となってプロジェクトへの協力を申し出た。とくに合弁の石油精製、石油製品生産工場の青写真の実現に向け、ロシアは二〇億ドル前後の投資の用意があるとした。またアラムコのＩＰＯ（株式公開）にも参加したい旨を表明した。モスクワ訪問のサウジ国王に随行したビジネスマンは二〇〇名前後という大型旅団で、クレムリンでは両国の経済フォーラムが開催された。ロシアを代表するガスプロム、ロスネフチなどの企業代表が参加したことも注目に値する。

第三に武器供与の問題である。サウジは表面的には米国兵器、とりわけ戦闘機、パイロットの訓練などで米国依存だが、ミサイルに関しては中国軍を国内に秘密裏に駐在させている。サウジという武器の大市場に魅力を感じるロシアは戦車、装甲車、武装ヘリ、各種ミサイルなど総額三五億ドルのオファーを提示して、過去数年にわたって交渉を繰り返してきたが成約には至っていない。しかしロシアはサウジアラビアに対してS400(イスカンダルミサイル)の供与を売り込みの突破口として提示したとみられる。

米国は不快感を表さず、エジプトもインドも米国の兵器とロシアとを天秤《てんびん》にかけて外交の武器としており、これは常套《じょうとう》手段という認識である。

むしろ米国がもっとも注目しているのは、サウジとロシアが石油価格の値決めプロセスにおいて何らかの密約を結ぶのではないか、と懸念している。

ドバイには「ドラゴンモール」を建設

ドバイに中国は「ドラゴンモール」という商業アーケードを建てた。

筆者もドバイ滞在中にタクシーを雇って、見学したことがあるが、ここでは中国製品のセールばかりか中国の銀行が人民元預金を募集していた。出稼ぎ組が人民元に両替するのである。

アブダビでも同様な商業活動が目立った。かつてドバイ・バブル崩壊のおり、一番ソンをしたのは中国の投資家、それも温洲の投機集団だった。あれから数年を閲《けみ》して中国人はドバイ、アブダビにも復帰した。

そして中国の動きが中東でもっとも顕著なのはオマーンへの食い込みである。

なぜオマーンか。ホルムズ海峡を扼しているからで、この地政学上の要衝を中国はことのほか重視する。そのうえオマーンの政治的脆弱性である。石油が豊富とはいえ国土の大半は砂漠であり、人口はわずか三六〇万人、しかも三〇％が外国人である。

中国はオマーンにいる外国人にバローチ人との二重国籍が多いことに注目した。中国との軍事同盟を組むパキスタンのバロチスタン州は中国がもっとも力を入れるグアダール港がある。

そうだ、バロチスタンは十八世紀にはオマーンが支配していたのだ。グアダール港の工事で中国人がテロの対象になっているが、そのバロチスタンとの二重国籍者がオマーンに多いことに目を付けた中国はスパイの発掘にも余念がないというわけである。

オマーンのドゥクムの港湾整備と工業団地の造成を中国はＡＩＩＢ融資の形で執り行うことを決めた。

また中国はエジプトにもスエズ運河の南端に工業団地造成をプロジェクト化している。サウジ、ＵＡＥ、エジプトなどが北京の「一帯一路フォーラム」に熱心に出席したのも、こうした経済的背景があった。

かくして中国にとって中東諸国は大切な原油の輸入先であるため、情勢の変化には敏感に対応してきた。リビア、スーダンで挫折し、いままた欧米の政治政策変更によって対応が迫られている。エネルギー戦略に狂いが出るからである。

スンニ派諸国vs.イラン、ほくそ笑むイスラエル

ガスの輸出国カタールも問題が多い。

二〇一七年六月五日、突然、サウジアラビアが主導してＵＡＥ（アラブ首長国連邦）、エジプト、バーレーン、イエーメンが加わり、カタールとの外交断絶に踏み切った。カタールのイラン寄りの姿勢が気にくわないからだ。

モルディブ、モリタニアなどが遅れてカタールとの断交の列に加わり、外交官四八時間以内の立ち退き、交通遮断、商業取引停止ということは単に断交であるばかりか、「兵糧攻め」であり、最終的な手段の行使を意味する。

カタールは国内の大部分が砂漠であるため、水と食料の九九％を輸入に頼る。そのため外交断絶により、商業行為の停止を聞いた市民はスーパーマーケットに長い列をつくった。食料は三日間で備蓄が切れる。カタールはケニアで四万ヘクタールの農地を買い付け、一〇年間で二五億ドルの契約を結んでいるが、距離的に輸送の時間がかかる。したがって断交後は時間とともに干しあがることになる。

カタールは日ごろからサウジ主導のアラブ諸国の方針に反旗を翻してきた。同じくシーア派が多数のバーレーンがサウジ主導のカタール断交に同調せざるを得なかったのは食料事情に加え、一本の橋でつながるサウジからの軍事的行動が予測されるからだ。バーレーン単独ではとてもイラン寄りの選択はできない。ヨルダンも立場は微妙だが外交関係のレベルを下げ、カタールから申請の出ていたアルジャジーラの支局開設を認めないとした。

仲介に立った米国の仲介工作は失敗した。続いてトルコとクエートが調停に乗り出した。クエート首長はサウジアラビアに飛んで、国王と会見した。トルコのエルドアン大統領はプーチン大統領と電話会談を行い、その後、サウジ、クエート、カタールを回ったが徒労に終わった。アラブのスンニ派諸国が一斉に、カタールを敵視する行動をとった理由は過激派ハマスやエジプトの過激派「イスラム同胞団」をカタールが支援していることにある。

そのうえアルジャジーラの放送内容が、アラブの立場を離れているからである。究極的なサウジの狙いはイラン包囲網の形成である。

米国はカタールに空軍基地を展開し、中央軍司令部を置いている。駐在兵力は軍属を含めて一万人。したがってサウジの断交に「どちらにも与《くみ》しない」としたが、それが米国の真意とは思えない。トランプはサウジ国王との会見で、カタールを名指ししないまでも、「イスラムの過激イデオロギーにはもう耐えることはない」と発言した。

「カタールの孤立化」を示唆したと解釈したサウジはただちに行動に出た。商業行為の断絶についで金融取引停止。国際金融のハブとして資金洗浄の舞台としても活用されてきたカタールは相当なダメージを受けた。また国際航空路のハブとしても機能するゆえに日本の旅行業界も多大な影響を受けることになる。カタール経由ヨーロッパ便は日本から多くのツアー客を運んでいるし、ＬＮＧガスの多くを日本はカタールに依存している。

狙いは明確にイランとの対決であり、サウジを基軸にアラブ諸国のスンニ派国家群が、イラン孤立化へ向けて足並みを揃えたということなのである。これが中東で始まったパラダイムシフトの嚆矢である。

トランプ政権は「アラブの春」で起きたドミノの行き着いた先がシリアであり、そのシリアを支援するイランとの敵対関係を確認し、アラブ諸国、それもスンニ派連合の、イランへの挑戦を組織化させた。

カタール孤立化とアラブのスンニ派連合のイランとの対決という構図が鮮明となると、もっとも裨益する国はイスラエルである。

つまり「中東問題」とはこれまでイスラエル・パレスチナという地域的な小さな問題が中心議題だったが、その問題は吹き飛ばされ、イスラエルの政治力が大幅に増してゆくだろう。

しかもトランプはサウジ外遊の後、テルアビブへ飛んでネタニヤフ首相と懇談したうえ、「嘆きの壁」を訪れ、ユダヤ帽をかぶって祈りを捧げた。ついでトランプはイタリアを訪問し、G7出席を前にバチカン法王とも会見した。

こう見てくるとトランプ大統領は初外遊にイスラム、ユダヤ、キリストという三大宗教の聖地を訪問したわけで、世界政治にじつに大きな歴史的意味を持つのだが、日本のような無宗教国家には、このところがよく理解できていない。

パラダイムシフトを自ら演出し、イスラエルの利益も同時に両立させるという離れ業、つまりメディアが伝えるトランプ外交失敗という評価は根本的に間違いであり、大成功を収めたと評価できるのではないのか。

中国外交は、このような場面では部外者に留まらざるを得ないようだ。

国際政治の主役に割り込むロシア

二〇一七年九月二十五日に行われたクルド自治区の住民投票の結果は九三%が「独立」に賛成した。

もっともこの住民投票は法的効力を持たず単なる住民の意思確認である。

サダム・フセイン時代、イラクのクルドは弾圧され、逆に米国が支援した。イラク国内のクルドは事実上の独立地域であり油田を抑えてパイプラインがトルコにつながっているため収入はあった。クルドは国家としての旗をすでに制定している。

クルド経済は、あのベネズエラ同様に原油依存体質、将来の開発利権を担保に諸外国から借金を繰り返してきたため、現時点での対外負債は二〇〇億ドルと推定される。内陸部のため、輸出はパイプラインに依拠せざるを得ない。クルド自治区には石油埋蔵が四五〇億バーレル、ガスは五・六兆立方メートルあるとされており、サダム・フセイン体制の崩壊後、この資源開発をめぐっての利権争奪戦が、列強メジャーの間に繰り広げられてきた。

数年前に米国も触手を動かし、エクソン・モービルが進出した。そのときのエクソン・

モービルのCEOはティラーソン国務長官である。

もっとも強い関心を持ったのはロシアだった。ロスネフチはすでに二億八〇〇〇万ドルを投じて原油採掘地区をおさえ、実際にはトルコ経由のパイプラインで輸出している。さらにロスネフチはクルド経済の窮状を見て、将来の採掘分の先払いとして一〇億ドルを支払うという破格の交渉を進めている（イスラエル英字紙「ハーレツ」、二〇一七年九月二十九日）。ロシアがこういう事態になると、ひょいと顔を出すのは、いまの北朝鮮への政治的介入と同じである。世界政治の主要プレイヤーとして、国際政治の主役を演じたいからで、経済的コスト度外視の支援を行うのは歴史的な体質でもある。

独立反対の急先鋒《きゅうせんぽう》であるトルコもクルドとは共同開発事業を展開しており、トルコの投資額は二〇億ドルと報じられている。

問題は腐敗と汚職にまみれたクルドの政治実態である。バルザニ「大統領」は二〇一三年に期限が切れたのに「大統領職」に居座っていた（十月下旬に退任声明）。その合法性を問わず、大統領選挙を行うのならともかく先に独立か否かの住民投票を行った。

「首都」エルビルは近隣諸国とハイウェイがつながり、車に溢《あふ》れ、道路は整備されつつあり、ビル建築ラッシュに沸いた。「第二のドバイ」になると建築ブームが起きたのは原油代金が一バーレル＝一〇〇ドルに迫ったときだった。これらの利権をバルザニ大統領一族が抑えている。こうした構造はトルクメニスタン、ウズベキスタン、カザフスタンなどと変わらない。資源しか売り物がなく、外国資本の開発に依存せざるを得ないという独裁国家ならば、ジンバブエに似ている。

クルド独立を認めるイスラエル

クルド自治区でいざ住民投票を行うと米国は「失望した」と言い、周辺国のトルコ、イラク、イランは露骨に反対した。それればかりかイランはクルド族自治区の空港への飛行機乗り入れを中断し、トルコは不快感の表明と同時にパイプラインの輸送を止めた。イラク中央政府は空港を中央政府に返却せよと要求を出し、クルドの（自治区の大統領を名乗る）バルザニ政権は窮地に立たされた。

しかしコソボ独立ではロシア、中国が反対したが、欧米は独立を支援した。コソボはセルビアに帰属したが、いつの間にかアルバニア人が多数派となっていた。

ユーゴスラビア内戦ではセルビアだけが悪者にされ、民族浄化、虐殺をセルビア同様に行ったクロアチア、ボスニア&ヘルツェゴビナの戦争犯罪は不問とされ、ミロシェビッチ、カラジッチが国際法廷で裁かれた。まるで東京裁判、ニュールンベルク裁判の再現のようでもあった。

コソボは独立した。法定通貨はユーロ、NATO軍が治安維持にあたって、いまも駐留している。コソボの人口は四五万人程度である。これが独立国家と言えるか、どうか。東チモールの独立のプロセスと若干似ているところがある。ともかく一方で、「民族自決」を呼号し、尊重し、過去にはコソボ独立を支援しておきながら他方ではクルド独立はまかりならんと周辺国が反対に回るのはまったくの矛盾である。

しかしイスラエルのネタニヤフ首相は「合法的手続きを経て住民投票などが行われた場合、イスラエルはクルド族の独立に賛成だ」と述べた。そのうえトルコ政府が攻撃するPKK（クルディッシュ労働党）は「テロリスト集団ではない」と言明した。この発言はトルコの姿勢を暗に批判する形となった。PKKはとくにクルド族全体の意見を代弁するものではないが、イラン、イラク、トルコ、シリアにまたがるクルド族の完全独立を目指し、一九九九年までは武装闘争を続けていた。

過激な指導者の逮捕とともにPKKはマルクス・レーニン主義と訣別《けつべつ》し、「民主的な連邦国家」を主唱し始めた。原因はソ連の崩壊で、援助してくれる国がなくなったからだった。

もともとイスラエルはペレス政権時代にもリーバーマン国防相が「クルド独立」に明確

に賛成しており、「中東地域にとって不安定材料はイランであり、イランが送り込んでヒズボラがシリアを攪乱《かくらん》しているのであり、クルドの活動は地域の安定を損なうものではない」としてきた。

米国トランプ政権はイスラエル支持を鮮明にしており、トランプをことあるごとに激しく罵倒《ばとう》してきたニューヨークタイムズも、こと中東政策に関してはトランプ外交を支持しているのである。

そしてイスラエルが中国とは特殊な関係を築いている。イスラエルは米国に内緒で、幾つかのハイテク兵器技術を中国に供与している。ミサイル技術が主である。

原油についてはイスラエルもすでに産油国であり、沖合の油田掘削は意外にもロシアに頼っている。日本はイスラエルの持つ優れたハッカー撃退技術を学んでいる。

中国にとって、もしクルド族独立となると、チベット、ウイグル、南モンゴルの独立問題を抱えるため沈黙せざるを得なくなる。

日本の安全保障上、イスラエルの核武装はどれほどの教訓となるだろうか。イスラエルは核兵器を秘密裏に開発し、この現実に沿ってサウジがイランへの防御壁としてイスラエル重視に転換している。

サウジアラビア皇太子モハンムド・ビン・サルマンがイスラエルを秘密訪問していた。

サウジアラビアにとって天敵はイラン。そのイランが核兵器開発に余念がなく、ミサイル開発では北朝鮮の技術に依拠し、まったく北朝鮮と同型のミサイル（シャバブ）を保有している。そこでサウジアラビアはパキスタンの核開発に資金を供与した。そもそもイスラマバードに建設された世界最大級のモスクもサウジの寄付である。パキスタンの核は、サウジがいつでも確保する密約があるとされ、別にサウジ国内に配備されなくても、イランの背後から報復できるからだ。

イスラエルが核兵器を保有していることは国際常識である。少なく見積もっても八〇発、コーリン・パウエル元国務長官は二〇〇発保有していると推定したことがある。イスラエルは中距離弾道弾（ジェリコ2，ジェリコ3）ならびに潜水艦搭載の巡航ミサイルを保有し、さらに爆撃機に搭載する小型化にも成功している。

核兵器は実験が絶対必須条件とされているが、イスラエルは実験をしていない。一度だけ砂漠で地震が確認されているが、あとはコンピュータのシミュレーションで済ませている。サウジはシリア内戦におけるイランの影響力増大、今後予測されるイラク、レバノン、ならびにエジプトなどのイスラム過激派の跳梁《ちょうりょう》と、その背後にいるイランの脅威から身を守るためにイスラエルも核の傘が必要と判断したのだ。イランに対抗できる地域パワーはイスラエルの核だからである。

イスラエルが核の選択を開始したのは一九六九年、ゴルダ・メイヤー首相（当時）の訪米によるとされる。ニクソン大統領、キッシンジャー補佐官がゴルダ首相を迎え、秘密交渉が開始された。決定的となったのは一九七三年のヨムキップル戦争で、このときソ連はエジプトに二隻の船舶に積んで核兵器を出荷しようとした。米軍は警戒態勢に入った。

イスラエルは核保有を公表しない方針を固める一方で、原子炉の監査を拒み、また核不拡散条約には署名しなかった。

このイスラエルのケースを日本と韓国に当てはめると、韓国の場合、すでに原子力発電が全発電量の三〇％に達しており、またミサイル開発では日本のような制限がないので、八〇〇キロの中距離ミサイルの他、米トマホーク型ミサイルの一五〇〇キロを三〇〇〇キロの射程に伸ばす開発に余念がない。

そのうえ韓国の国防大臣は、「米国の核兵器をふたたび韓国に持ち込んでほしい」と発言している。

しかし日本は短時日裡に核兵器を開発できる「能力があるが、意思がない」。そのうえ、イスラエルのような秘密を維持しての開発には不向き、日本は国家機密が守れない国である。

中国はイスラエルの動きにも神経を尖《とが》らせざるを得ない。

イランとの核合意廃棄の行方

トランプ政権はイランとオバマ前政権が結んだ核合意を見直し、悪化したアラブ諸国との関係改善をはかる。

一七年十月、米国でイランとの核合意破棄への動きが加速化した。オバマ前政権のもとでなされたイランとの核合意は国連決議２２３１号に基づき、ＩＡＥＡの査察を受けることが必須の条件とされた。しかしイランは北朝鮮との技術協力などでミサイル開発を進め、ＩＡＥＡの査察の及ばないところで核兵器開発を進捗させている疑いが濃厚である。

イランとの核合意を見直すことはトランプ政権の公約でもあり、マティス国防長官、ティラーソン国務長官らも米国の正式な批准に反対したため、批准を行わない見通しとなった。議会でもテッド・クルーズ議員らが批准反対の急先鋒となっていたが、十月十三日にトランプ米大統領は、イランとの核合意の維持を前提に、同国への圧力強化を柱とする新たなイラン戦略を発表した。

イランは革命防衛隊から志願兵をつのってシリアに参戦し、また武装ゲリラ組織「ヒズボラ」への武器援助などを行ってシリアでアサド政権の後ろ盾となってきた。こうしたイランの舞台裏の暗躍に手を焼いた米国はＩＳの拠点に対して、人質の盾を考慮し限定的空爆しか行えなかった。空爆に出撃した米軍機の大半が人質を発見し、空爆を断念して帰投することが多かった。ところが、ロシアが空爆に参戦して人質もろともＩＳ拠点の空爆に踏み切ったところで、戦局が変わった。

中東の不安定要因はイランにもある。そしてイランは中国と大の「仲良し」である。キム・ジョンナム（元イラン駐在大使）を団長とする北朝鮮代表団は九月にテヘランを訪問している。一行はロウハニ大統領とも面談し、表向きは「経済協力関係」が話し合われたとされたが、実質は核兵器ならびにミサイル技術移転問題だった。

核兵器とミサイル技術が欲しいイラン。外貨が欲しい北。両国の利害は一致する。米国は「ならず者国家がカネと引き替えに、別のならず者国家に危険な武器を引き渡す」として極度の警戒に入っている。観測筋はイランの欲しがる外貨は人民元ではないかと見ている。つまり北朝鮮とイランをつなぐ接着剤が中国である。

一九八〇年から八八年にかけてのイラン・イラク戦争で、北朝鮮はイランに多数のスカッドミサイルを提供した。一説に北朝鮮の軍事顧問団数千名がイランに配置されていたという。現にイランの「シャッバブ３」という中距離ミサイルは北朝鮮のムスダンである。

イランはヒズボラを駆使してシリア、レバノン、イスラエル、ガザ地区で反政府運動を組織化させ、またイラクはシーア派の天下となってしまった。イランはシリアにおいても急速に勢力を挽回《ばんかい》しており、またカタールとも復交した。このカタールを裏切り者としてサウジ、ＵＡＥ、エジプトなどが断交したことは述べた。

二〇一六年三月八日、イランは一四〇〇キロのミサイル実験をして、オマーン沖へ飛ばし、二〇一七年一月にも中距離ミサイル実験に成功している。これらは北朝鮮の部品ならびに材料の提供に基づくとされる。

一九八一年、建設中だったイラクのオシラク原子炉はイスラエル空軍によって爆破・破壊された。イラクの核武装は防がれた。

二〇〇七年九月、シリアの東部アルキバル近郊に建設中だった原子炉を、やはりイスラエル空軍が急襲、建物を跡形もなく破壊した。アサドの核武装への望みは絶たれた。

イランの原子炉にはウイルスを送り込み、コンピュータシステムを破壊、核開発を遅れらせた。これもイスラエルの仕業とされる。こう見てくると中東の国々は中国の謀略の上をゆく魑魅魍魎《ちみもうりょう》がうごめく世界である。

第二節　中南米、アフリカをめぐる暗闘

中南米のプロジェクトも怪しい雲行きに

さて舞台は中南米の国々に移る。

ベネズエラの危機は中国の財務状況を直撃する可能性が高い。経済的要因が世界の政治地図を塗り変えることが起きるのだ。

インフレが六五二・六七％（ＩＭＦによる二〇一七年十月時点の推計）というベネズエラでは根底的な危機に直面している。原油価格の下落によって債務不履行は時間の問題とされるが、最大の債権国は中国だ。すでに四二〇億ドルから四五〇億ドルの焦げ付きに直面している。

それもこれも前大統領のチャベスが「私はマオイストである」などと北京のご機嫌をと

って、石油鉱区開発を中国に任せる一方で、巨額の借款を進めた所為である。

バラマキ政策というチャベスの亡霊に悩むマドゥロ政権の断末魔が聞こえ始め、四月の国家緊急事態宣言以後も、暴動が連続している。軍が出動して鎮圧しているが、マドゥロ政権の崩壊が視界に入った。

最大の危機は経済要因である。チャベス前政権が教育、医療の無料化を図り、野放図なバラマキ政策を実行して国民の人気を勝ち得たが、その裏付けとなった原油価格の暴落によって政策の継続が不可能となった。バラマキ政策は長期的な財政政策に基づいていないから、いったん挫折すると一夜にして国民の人気を失う。付け焼き刃的な対応の失敗は古今東西、同じことである。

原油高騰時代に、本来の政治家がやるべきは自国のインフラ整備と設備投資であり工業力の基礎づくりである。しかし原油採掘を外国人技術者にまかせるという失態、モノを自国で生産しないで紙おむつから医薬品まで輸入に頼り切った。このような歪《いびつ》な産業構造では、一時の繁栄が「邯鄲の夢」に終わるのは時間の問題だった。ベネズエラでは医薬品は払底し、小麦も入手できず闇市場が蔓延《まんえん》し、そのうえ買い出し部隊は南隣のブラジルへ向かう。決済はドルである。ベネズエラ通貨はトラック一杯積んでいかないと、大量の仕入れもできず、最近はブラジルへの経済難民が急増しつつある。

通貨供給量をむやみに強行すれば、その通貨は必ず暴落し、インフレを招来する。インフレが起こる主因は通貨の減価、もしくは暴落であり、対外債務が多ければ多いほどドルに対しての通貨価値が下がる。

ところがベネズエラ政府がとった手段は通貨の増刷であった。だから為替相場でベネズエラ通貨は暴落する。ちょうどソ連が崩壊し、通貨ルーブルが急落し、二四〇〇分の一となったように、最後には通貨市場で起きることは闇ドルの暴騰、あるいは交換物投機となる。

かつてチリやアルゼンチンでも同じことが起きた。人々は給料をもらうや闇市場でドルと換えた。

反米を基本路線としてきたベネズエラでは闇市場で米ドルが決定的に不足している。隣国エクアドルはとうに自国通貨を放棄し、米ドルが法定通貨である。

ベネズエラの闇もまた中国との癒着、また武器の輸入に関してはロシアとの癒着というスキャンダルも抱えており、場合によっては軍事クーデターを国民が支持する事態になるかも知れない。

米国からすれば北朝鮮よりも身近なベネズエラ問題

日本のメディアはあまり取り上げないが、米国のメディアを見ていると、ベネズエラ問題はキューバ問題同様に国民は強い関心を抱いている。米国の地政学からすれば北朝鮮より身近な危機である。それもこれも原油代金暴落がもたらした悲劇だが、チャベス前大統領以来のポピュリズム政策の惨めな破綻、同時に強気強気とベネズエラ石油鉱区に果敢に投資し、鉄道建設もしていた中国の思惑が、ばっさりと外れた。

気がつけばベネズエラの首都カラカスには四〇万人もの中国人コミュニティが出来上がっていた。二十世紀初頭からの移民で、現地人と混血し地付きの人間となった中国人ファミリーも多い。そのうえに新移民が重なった。

なにしろ中国開発銀行（ＣＤＢ）一行だけでベネズエラに三七〇億ドルを貸与した（ほかの中国の銀行を含めると推計で四五〇億ドル）。ベネズエラの債務は六五〇億ドル。最大の債権者は中国、デフォルトをやらかすと最大の金融災禍が中国の金融界を襲うだろう。

経済沸騰のころ、ベネズエラ全土で不動産開発、ビルラッシュが続き、建機、建材、セメント、トラックなどを中国が輸出し、しかもカラカスの輸入業者は中国人だった。これらの華僑は集中的に広東省の珠海《しゅかい》デルタに位置する開平《かいへい》、江門《こうもん》などからやって来た同郷人で、カラカスだけで五万人もいた。開平、江門は苦力時代から労働者輸出の本場として知られる。二〇一六年にあらかたの華僑は広東へ逃げ帰った。

中国が自慢の「新幹線」プロジェクトもベネズエラでも進んでいた。総額七五億ドル、総延長四六二キロの鉄道建設だったが、二〇一六年に放棄された。ベネズエラの通貨は二〇〇七年に一〇〇ドル＝四六〇〇ボリバスだった。いまは一〇〇ドルが八〇万ボリバス、闇市では一二〇万ボリバスだ。珈琲が一杯二〇万ボリバス。誰もが喫茶の愉しみを失った（ボリバスはベネズエラ独立運動の英雄）。

原油高騰時代、高価なワインショップを開店した華僑もいた。ウハウハ笑いの止まらなかった時代は終わった。治安は悪化し、暴徒は商店を襲い、品物をあらいざらい奪い、火をつけ、中国人と見たら殴りかかる暴徒もいる。カラカスから八〇キロ離れたマラケイ市では一七年六月に六八軒の華僑の店が襲われた。

ベネズエラ政府は暴徒鎮圧のために、放水、催涙ガス装備の装甲車を中国から緊急に輸入した。すでに暴動で四〇人以上が死んだあとだった。マドゥロ大統領は強権発動に踏み切り、住民投票で強引に改憲に突き進み、治安維持のために独裁政治を敷いた。この非民主的な遣り方に米国は経済制裁強化で応じた。

中国が支援していることは明確である。直近でも中国はインフラ整備のために二七億ドルをベネズエラに交付した。中国主導の石油精製設備建設も含まれる。また中国が持つ債権への利払いができないため、石油で中国に金利を支払っていることがわかった。つまりベネズエラは石油を中国に輸出し、その代金を中国へ支払う金利に廻しているわけだ。

ロシアはベネズエラ最大の武器供与国であり、すでに一一〇億ドルの武器を売却しているが、なかには小型核が搭載可能な爆撃機＝Ｔｕ１６０が含まれている。またロシア国営ロスネフチは一五億ドルの貸し付けをベネズエラ国有石油企業に行い、これを含めて合計一七〇億ドルを投じている。いつでも株式と交換できるのが条件である。

米国がベネズエラ制裁を実行しても、一向に効き目がないのも、こうした中国、ロシアの巧妙な支援があるからで、両国は何としてもベネズエラの破産を避けたいのだ。とはいうものの中国もロシアもマドゥロ大統領の独裁体制を守ろうという政治的意思は稀薄《きはく》であり、次の政権が産まれても、それが反米であれば支持続行という考え方に基づいている。

メキシコ国境を越える不法移民に中国人

メキシコとの国境に壁をつくるとトランプは公約してきた。実際に一部区間の工事を始めている。

ところが二〇一七年八月二十九日、アメリカ税関・国境警備局はカリフォルニア州南部サンディエゴの郊外で新しいトンネルの出口を発見し、待機していると不法移民がぞろぞろと三〇名。このうち二三名が中国人男女だった。つまりメキシコからの不法移民というのはメキシコ人は少なく、「メキシコ経由」の外国人、それも中国人が多いのだ。

かれらは中国からメキシコへ入り、国境をトンネルでくぐりぬけてアメリカへ密入国する。マフィアに支払うのは二万ドルが相場だという。もともとメキシコからカリフォルニア州やアリゾナ州へのトンネルは麻薬カルテルが掘った。トランプ政権となって国境の壁をつくるとなった直後から、トンネルの発見率も増え、逮捕者も増えた。

発見されたトンネルは二〇一三年にわずか四つ。それが二〇一五年は二八、二〇一六年に貫通していないものも含め八六一ヶ所でトンネルが発見された。発見次第、待ち伏せ作戦を行ったりセメントで出口を塞ぐ処置がとられてきた。

一方の中国。経済繁栄に酔いしれるのも賃金がこの一〇年で四倍になったからだ。さはさりながら、なぜいまだに中国人が外国へ命がけで渡航し、しかもマフィアに二万ドルも支払ってまで出稼ぎに行く必要があるのだろうか。

奴隷のような人身売買組織が介在し、麻薬や武器、そして売春など非合法ビジネスが地下に猖獗《しょうけつ》しており、中国の地下経済が一足先に不況に突入した可能性も考えられる。

「パナマ文書」以来タックスヘイブンの新天地カリブ海の島嶼国家群

カリブ海や西インド諸島などに替わってタックスヘイブンとしての場を提供することが、島嶼国家の経済目標になった。

同じ島嶼国家として大西洋から西インド諸島のケイマン、ヴァージン諸島がタックスヘイブンとして大いに活用されてきたが、「パナマ文書」で資金洗浄や不正送金、汚職資金の隠匿地などと暴露されて以来、世界の投資家の目は新天地、とくに金融ハブの処女地としてほかの島嶼国家に向けられるようにもなった。

距離的に列強の影響下からは遠く、したがって逆に穴場として活用される利点があるが、同時に金融の安全保障では脆弱となりがち、金融ハブが悪用されると世界全体の金融システムの安全保障を脅かしかねないリスクもある。

パナマが台湾と断交し、ただちに中国との外交関係を結んで、カネに転んだ。

その先に広がるカリブ海には多くの島嶼国家が点在し、キューバ、ジャマイカ、ドミニカのような中規模な主権国家もあれば、タックスヘイブンだけのフェイク国家もある。

ジャマイカは昔から陸上競技で世界一のランナーを輩出させる国でレゲイ音楽の本場でもあり、大航海時代にはアフリカからの奴隷貿易の中継地だった。

このジャマイカにも中国は巨大な港湾建設を始めている。「中国港湾工程有限責任公司」は一五億ドルを投じて、「カリブ海とパナマ運河を結ぶハブ」と位置づけ、同時にバルバドスには、ビザなし渡航を認めれば年間二〇〇〇万人の中国人ツアーを送り込むとおだて、リゾートホテルなどに進出、ランドマークのビルも中国資本が購入した。

ギアナでは金、原油、木材の工場を建設し、中国企業が稼働させている。

このためアメリカの保守派には「いずれ南シナ海のようにカリブ海の島嶼群島は、『中国の海』となるのではないか」と懸念する声がある（米ジェイムズタウン財団発行『チャイナ・ブリーフ』、二〇一七年七月十七日号）。

いつでもどこでも新興国家は目の前にあるカネの魅力には勝てず、中国の言うインフラ建設と、一見有利に見える融資条件にすぐ乗っかり、現地の雇用が増え、地元経済が潤うと期待した。

ところがいずれの国でも薔薇《ばら》色の夢は瞬時に消えてしまった。

労働者は中国から。建設機材からセメントまで中国から、そして低利のローンはいつの間にか条件が巧妙に変更になり、あれよあれよという間に負債が膨らんで、「こんなはずではなかった」と嘆く。

中国の戦略からすれば、パナマに見られるように、外交関係で台湾を切った瞬間からこれらの国々の外交的利用価値はなくなっているのである。中国は投資を中断し、労働者を引き上げ、プロジェクトは放ったらかし、現地で雇って奴隷のようにこき使った労働者には給料未払いなど無茶苦茶なことをやってのける。

いま中南米諸国に広がるのは中国への期待から絶望への転換である。

中国が獅子吼《ししく》する「一帯一路」という「世紀のプロジェクト」は、誇大宣伝を別にして、現場を見ていくと真逆のことが起きているのである。

そしてアフリカへ橋頭堡

中国はジブチに軍事基地を建設したが、その駐在軍が実弾演習を公開した。

ジブチは紅海の入り口、米軍基地の隣に三六ヘクタールの中国軍基地があり、人民解放軍は海兵隊が主力となって駐屯開始以来初の公開軍事演習を行った。中国の海兵隊は海軍から独立した組織となってピストルから自動小銃、各種火力兵器を駆使し四〇度の炎天下にもかかわらず外国メディアや駐在武官を招待して実弾演習を展開したのだった。

ジブチには米軍の基地のほかに自衛隊の駐屯地、そしてフランス軍の基地があり、イエーメンからソマリア、アデン湾で暴れまくった海賊退治など治安悪化に備えての軍事訓練を重視してきた。

中国の海軍戦略は南シナ海を抑え、マラッカ海峡を越えてインド洋に進出し、海域にあるミャンマー、バングラデシュ、スリランカ、モルディブ、パキスタンなどの港を活用する。不満の声には一切耳を傾けず、インド洋を横切ってアフリカの入り口に海軍基地を構築した中国は、次にディエゴガルシアの米軍基地の隣にも駐屯基地をつくる計画がある。

そこでトランプ政権はアフリカ外交を再活性化させようとしている。

それも北アフリカから南部へ重点シフトの配慮が見られる。

二〇一七年九月十九日、国連におけるトランプ演説を前に、米国はアフリカ諸国の代表を招いて昼食会を開催した。トランプ大統領は「アフリカ諸国は無限の可能性を秘めており、今後も発展する余地は多く、米国は協力を惜しまない」と力説した。参加国はガンビア、ザンビア、ナミビアからコートジボワール、エチオピア、ガーナ、ギニア、ナイジェリア、セネガル、南ア、ウガンダなどだった。

おや、と思えるのは北アフリカ諸国、とくに米国が力点をおくエジプトやジブチの代表が出席せず、他方で招待していないはずのジンバブエからムガベ大統領自身が出席したことなどである。北アフリカから南部へ重点シフトの配慮が窺える。

国連総会の機会を利用して米国がアフリカに再接近を見せたのは中国のアフリカ大陸への浸透があまりにも迅速かつ強大なこと、ロシアがふたたびアフリカに目を向けたことへの焦りも手伝っている。クリントン政権ではタンザニアなどで自爆テロにより米国大使館が襲われて多大の犠牲を出し、アフリカ接近政策への関心を希釈させ、ブッシュ政権からはほとんど新しい動きを示さなかった。つまりアフリカにおける米国の存在感は希釈化された。というのも冷戦時代、レーガン政権下のアフリカ諸国へのテコ入れに失敗したからである。米国はソ連の傀儡《かいらい》と言われた国々の武装反政府ゲリラ組織や指導者を支援した。それは結果的に武器の拡散、テロリストの温床に化け、ブルンジ、ルアンダ、スーダンなどでは虐殺が起きた。

歴史を紐解《ひもと》かずとも、アフリカに米国の植民地はなかった。セウタはスペイン、コンゴはポルトガルとフランスとベルギー領であり、ナイジェリアは英国、エチオピアとモザンビークはイタリア、南西アフリカ（ナミビア）はドイツ。米国が強い結び付きを持っていたのはリベリアくらいだった。

イタリアはソマリアも植民地とし、ポルトガルはアンゴラを、フランスに到ってはサハラ全域からアルジェリア、チュニジア、モロッコ。英国はほかにローデシア（現在のジンバブエ）、スーダン、ガーナを抱えて、ドイツはカメルーン、トーゴを植民地としていた。戦後、諸国の独立とともに欧州列強は撤退したが、一部には鉱山、鉱区など権益を残した。だからアンゴラではポルトガル企業が目立つように、西欧諸国はいまも存在感がある。

オバマ政権の「アラブの春」は完全な失敗に終わった。北アフリカ諸国、とくにチュニジア、リビア、エジプトへと飛び火した「民主化」はすべて無惨な失敗に終わった。いまもチュニジアの民主化はよちよち歩き、リビアは無政府状態、エジプトは軍事政権に戻った。米国は無関心を装い、つまりは「非介入主義」へ逃避したと思われた。ジブチの米軍基地の隣に中国が軍事基地をつくってもとりたてての行動を取らなかった。

アフリカ諸国には旧宗主国の言葉を強要されてきたため英語、スペイン語、フランス語、ドイツ語が通用し、現地人の母国語は指導者層にとっては重要視されていない。他方、旧宗主国へのルサンチマンを抱くためアジアの国、とくにインド、中国の進出には抵抗がないのである。

中国はアフリカの五五ヶ国に大使館を開設し（ちなみに日本は二四ヶ国）、大々的に進出したが、この間、アフリカへの経済支援をワシントンは日本に肩代わりさせるなど政策に消極性を伴っていた。

アフリカでの中国の主な進出状況

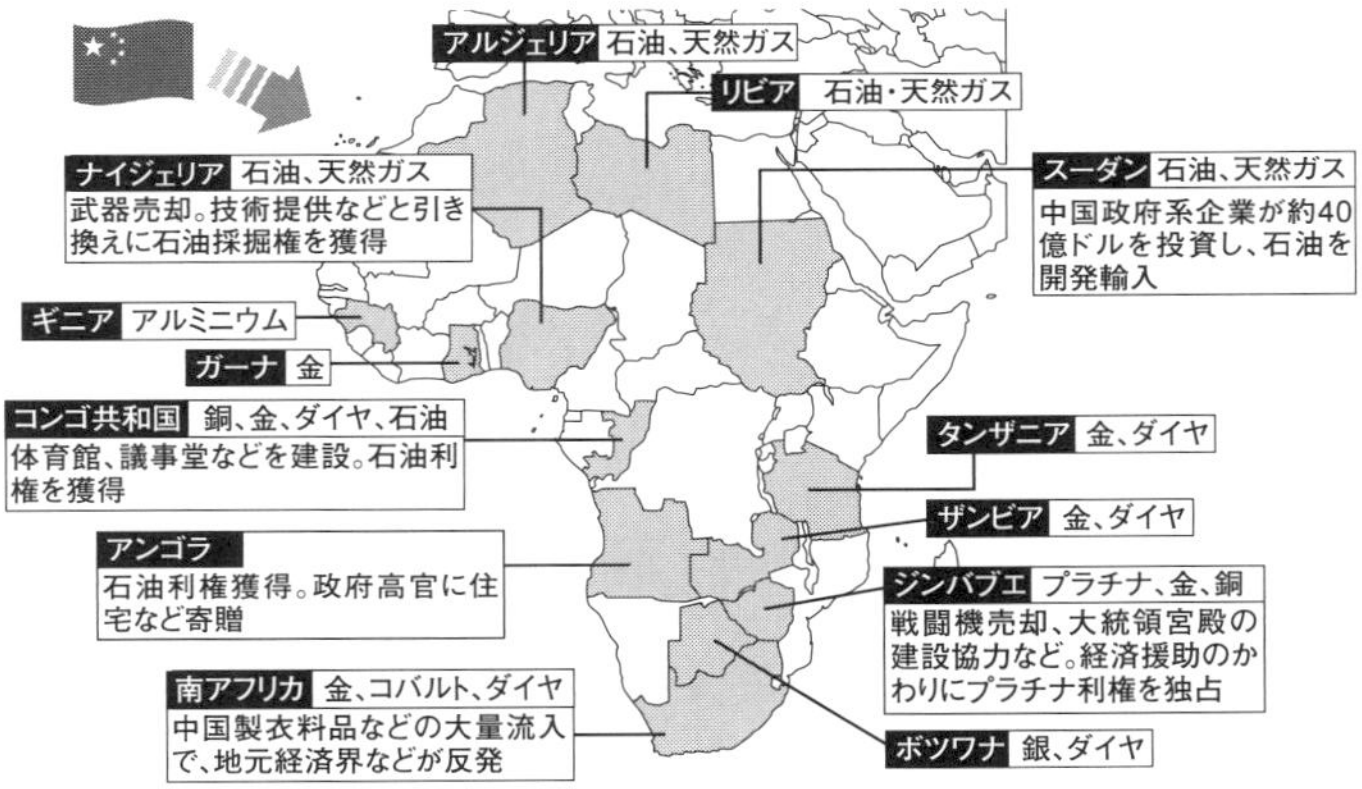

保守シンクタンクとして著名なヘリティジ財団は「アフリカ政策」への提言書をまとめ、テロ拠点化する地域には慎重なアプローチが必要であり、経済の自由化を重視する一方で、中国とロシアの浸透ぶりに細心の注意を払い、民主主義への移行を重視せよとした。

ところが、この中国のアフリカ進出に大きな影が射した。

「一時はアフリカ大陸のあちこちに一〇〇万人の中国人がいるとして騒がれた。それが急速に激減しており、たとえばアンゴラからは一五万人が去った」（英紙フィナンシャルタイムズ、一七年九月四日）。

第一にアフリカ全体のGDP成長率が低く各国で通貨が低迷、下落を続けている。

第二に治安が中国より悪いうえ、中国人を狙った犯罪が急増した。

第三にメンタル・タフネスの中国人もアフリカの文化には馴染《なじ》めない。文化、風土があまりにも違いすぎるからである。

セイシェルズ、モーリシャスでぶつかる欧米と中国

インド洋から東アフリカにかけて島嶼国家が点在している。

南インド洋に群礁を広く点在させるのがモルディブ、絶海の孤島の群れからなるセイシェルズ、そしてコモ群島、モーリシャス等々。共通するのは天然資源に恵まれないことである。かつて七つの海を支配した英国がこれらの島々にユニオンジャックの旗を立てた。その一つが米軍基地のあるディエゴ・ガルシア。米海軍の空母基地であり、ここからアフガニスタン、イラクへの出撃も行われ、現在も中東を睨む戦略基地である。

これらの島嶼国家が生き延びるために第一の目標は観光立国である。カリブ海や西インド諸島などに替わってタックスヘイブンとして活用されることが、島嶼国家の経済目標になった。

やはりカリブ海の島嶼国家群と同様、タックスヘイブンの新天地、金融ハブの処女地と

してインド洋に浮かぶアフリカの島嶼国家に目が向けられるようになった。

一九七五年にフランスから独立したコモロは海外の悪徳商社らと結びついてのクーデター事件がすでに二〇回以上も発生している。

モーリシャス諸島はかつて「インド洋の真珠」と言われた。いまでは首都のポート・ルイスに高層ビルが建ち並び、豪華マンション、別荘も建って外国からの投資が目立つようになった。最初に上陸したのはポルトガル、ついでオランダ、フランスと宗主国がうつり、最後は英国が支配した。この諸島の一つが米軍に貸与しているディエゴガルシアである。つまりインド洋を扼する戦略的要衝である。

めざとい中国が、このモーリシャス諸島に目を付けた。

すでに四〇のプロジェクトを展開し、海水浴などで賑わうリゾート地には中国人の観光客が目立つようになった。空港の新ターミナル建設では資金を中国が融資した。ほかにも七億ドルを投資して特別輸出工業区をつくると豪語しているそうな。

セイシェルズ諸島はフレデリック・フォーサイスが『戦争の犬たち』のモデルにしたように、クーデターが繰り返された。二〇〇四年に旧ソ連寄りの政権が崩壊して以後は観光立国に路線を切り替えてきたので、ここもまた新婚旅行のメッカとなった。

ところがセイシェルズ諸島のタックスヘイブンとして悪用してきたのがカザフスタン政

府幹部の不正資金隠匿、ナイジェリアの汚職資金が流れ込み、欧米の監視が始まる。

ここへ中国がしゃしゃり出てきた。

二〇〇七年に胡錦濤がセイシェルズを公式訪問し、いきなり四〇の貿易経済協力協定を締結した。二〇一一年には梁光烈《りょうこうれつ》国防相が五〇〇名の軍人を率いて訪問し、中国の軍事基地建設の話し合いに入った。米国、英国、そしてインドが中国の軍事的野心に神経を尖らせる。

カメルーンで独立騒ぎ、慌てる中国

アフリカのサハラ砂漠の南にカメルーンという国がある。

サッカーで有名だが、ほかに何があるのか、日本人には興味がない。中国がこのカメルーンと国交を樹立したのは一九七一年だった。この時点で在カメルーンの中国人はせいぜい三、四〇人だった。それが一九九五年から大量の移民が奨励され、雑貨商などに進出し、驚くほどの迅速さでチャイナタウンが形成された。その繁殖力の凄さは現地人を驚かした。

中国製の薬品、携帯電話、電気製品が店先に並ぶようになり、中国人はカネを持っているとされ華僑の商店が強盗のターゲットとなった。二〇〇七年、胡錦濤が中国国家主席としてカメルーンを公式訪問した。現地には中国人の商工会議所が設立され、チャイナチャイナと囃《はや》された。

二〇一七年十月一日の「アルジャジーラ」（英語版）に拠ればカメルーンの英語通用地区「アングロフォン」に相当数の軍隊が投入された。軍の派遣目的は「治安の回復」だが、この一年ほどの間に独立要求が暴動となって六名が死亡、数百名が逮捕拘束された。

カメルーンは全人口二三〇〇万のうち、八割がフランス語圏だが、南西部と北西地区は英語が通じるためフランス語圏との対立が深まっていた。英語国民は二〇%と推定されている。つまり英語圏はカメルーンの南西部と北西部、いずれも西隣がナイジェリア。つまり英語圏はかつて英国の線引きによって「西カメルーン」と呼ばれた独立国だったのだ。

カメルーン政府は同地区への交通を遮断し、集会禁止命令を発令した。そのうえインターネットの接続もできなくした。英語が通用する旧「西カメルーン地区」が「独立」に立ち上がったからである。

イラクのクルド自治区は独立を叫び、スペインのカタルーニャ地方も住民投票（十月一日）の結果、独立賛成が圧倒的な結果となった。

コソボの独立以来、久々の独立運動の嵐に触発され、英語を喋る人たちがフランス語圏とは文化も歴史も異なるとして、独立を言い出したわけである。それも一九七二年ごろから連邦制だった政体が中央集権に移行し、英語地区への差別が明確となった事由による。

住民たちは三五年もの独裁が続く長期政権ポール・ビヤ大統領への抗議のため集会とデモ行進を予定していた。この事態の収拾をはかるため独立運動の中心とされる南西部のバメンダなどへ、カメルーン政府が軍を派遣した。混乱にますます拍車がかかり、進出した中国人は暴動を恐れ、自衛に乗り出す。

独立運動は国名を「アンバゾニア」とし、「国旗」も制定している。すでに国内国である。かれらが強気になった理由は石油である。

スーダンが南スーダンと分離したとき、慌てたのは中国だった。石油鉱区は南スーダンにあり、中国の利権も南スーダンに集中している。

クルドがイラク内で独立の住民投票を強気に行ったのもイラク・クルド自治区には石油が産出し、トルコへのパイプラインで収入があるからだ。

カメルーン政府の弾圧は、その後、熾烈《しれつ》を極め、指導者を逮捕、拷問を加え、英語地区の住民等はフランス語を強要されたため学校を閉鎖し、住民は政府の弾圧を恐れて居住地から去った。町は廃墟と化している。

中国のカメルーンへの投資は西隣がナイジェリアという関係から石油ビジネスが偏重する英語地区に多いとされる。

レアメタル独占のためコンゴへ巨額を投下

あの「リビアの悪夢」を中国は忘れたらしい。カダフィ独裁体制が崩壊して内戦が激化、リビアは事実上分裂し、無政府状態にある。

現在、リビアの石油鉱区はそれぞれのベンガジとトリポリに盤踞して、「政府」を名乗る武装勢力が確保し、イタリアなどが輸入しているが、かつての生産量は激減した。

カダフィを支援して一〇〇以上の建設プロジェクトをリビア各地に展開してきたのは中国だった。内乱勃発《ぼっぱつ》とともにリビア国内にいた中国人およそ三万六〇〇〇名が国外へ脱出した。西隣のチュニジアや、東隣のエジプトからバスをチャーターし、イタリアやギリシャからフェリーをチャーターし、さらには救援の特別機を飛ばした。一人の犠牲も出さずに見事な撤退作戦だったが、中国の受けた損害はおそらく数百億ドルだろう。

以後、中国主導のプロジェクトは完全に復活しておらず債権のゆくえもわからない。つまりこの中国の海外債権は事実上、不良債権化している。リビア政府は形骸《けいがい》として存在しているが、カダフィ時代の債務には無関心である。

それなのに懲りない中国である。

こんどはアフリカの奥地コンゴへ大々的な進出を決めた。

その昔、ザイールと名乗っていたコンゴは二つの国にわかれ、コンゴ共和国とコンゴ民主共和国となった。コンゴ民主共和国は世界一一位の面積、首都キンシャサの人口は八〇〇万人。若い国ゆえに全体の人口は八〇〇〇万人の大国である。熱帯雨林と湿地帯、湖、瀑布《ばくふ》、山岳と地理的条件が悪く、交通事情は最悪で運送は河、湖に依拠し、ハイウエィは途中をつなぐだけ。それでも輸出の九〇%がレアメタルである。

その昔「コンゴ王国」は、ポルトガル（いまのアンゴラ）、フランス（コンゴ共和国）、ベルギー（コンゴ民主共和国）の三つを併せ持つほどだった。列強の植民地競争でポルトガル、フランス、ベルギーが分け合ったが、十九世紀はベルギー国王の私有地だったのである。このコンゴのなかの「コンゴ民主共和国」が、現代文明のハイテクに欠かすことができない金・銀、銅、ダイヤモンド、コバルトなどレアメタルの宝庫なのである。その推定埋蔵量は二六兆ドルに達する。

筆者の少年時代、一九六〇年からの独立戦争を戦ったルムンバ「首相」は武装ゲリラに拘束されて処刑された（六一年）。国連のハマーショルド事務総長が搭乗した飛行機は謎の墜落、その後、モブツ大統領という奇妙な独裁者が登場し、鉱山利権を掌握し、国名を「ザイール」と変え、無謀で残虐な暴政を敷いて、このレアメタルリッチに君臨した。

この独裁者＝モブツ・セセ・セコはスイスに隠し口座を持ち、国民が飢えていても一族は贅沢三昧《ぜいたくざんまい》、大統領特別機を飛ばして欧州を行脚した。大統領補佐官を一〇名近くも引き連れ、しかも補佐官はすべてが女性だった。一九九六年ザイールは悪政が原因で崩壊し、クーデターで実権を握ったカビルが大統領となった。そのカビルが暗殺され、息子のカビル・ジュニアが大統領を引き継ぎ、二代にわたる長期政権が続いている。政治的な安定度がなく米国は政治的大変化が近いと踏んでいる。

コンゴの最深奥部に広がるのはカタンガ州で、コバルト鉱山はこの辺境《へんきょう》に位置し、コバルトの生産で世界一、市場の六五％を握る。

コバルトは「地の妖精」という別名がある白銀色のレアメタルである。このコバルトが磁気テープ、スピーカ、顔料、高速印刷機（新聞社の輪転機など）の切断（業界ではギロチンという）などに使われ、また自動車エンジンの触媒にも駆使されている。

とくにコバルトが次世代のリチウム電池に使えるため俄然、注目されるようになった。

カタンガ州は標高一〇〇〇メートルの山岳地帯にあり、欧米の鉱山企業が経営しているが、武装ゲリラが鉱山を急襲したおりは、操業中だった日本鉱業（現在の「ＪＸ金属」）の社員らが孤立し、ベルギーとフランスが空挺団を派遣して救出した。

しかしお花畑に暮らす日本はこのことに無関心で、当時のコバルト危機で国際世論が沸騰した一九七八年ごろ、日本のメディアが騒いでいたのは安西マリアとかの歌うたいの失《しっ》踪《そう》事件だった。

その能天気は北朝鮮のミサイル危機でも別世界の出来事のように認識しているのだからお花畑はいまも、昔も変わらない。

中国の狙いも、日本人にはとても理解できないだろう。

日本の技術が中国の野望を押さえる

これからは電気自動車のバッテリーでコバルトの大量の需要がある。

電気自動車のバッテリーと聞いてキラリと目を光らせたのが中国だった。中国は電気自動車を世界に先駆けて普及させようと懸命である。西隣のコンゴ共和国（首都ブラザビル、人口一四〇万。全体の人口は五二〇万人）やアンゴラに進出している中国企業が鉱山事情の調査をしてきた。キンシャサ、ルカサ、ブラザビルなどの拠点を拡げるのは中国鉄路工程総公司や中国有色鉱業有限公司など、国際的な企業が多く、虎視眈々《こしたんたん》と有望鉱山を狙い、また鉄道のアクセス建設を中国主導ですすめるためにアンゴラ、コンゴ共和国、コンゴ民主共和国と協議を続けてきた。

とくにアンゴラに海底油田の鉱区を持つ中国は首都ルアンダに四万人のチャイナタウンをつくった。そのアンゴラはコンゴ共和国との間に軍事協定がある。そのコネクションは強く、中国はアンゴラ・ルートを経由してコンゴに近づくのだ。

中国はアフリカ大陸の東西を横切る鉄道建設という途方もない野心を抱いて、これを「アフリカ版シルクロード」の決定版にしようと本気でアフリカ諸国に働きかけを行っている。

習近平のコンゴ訪問は二〇一三年三月で、南アフリカで開催されたＢＲＩＣＳ会議へ向かう途中に立ち寄ってサスンゲソ大統領と会談している。その前の二〇〇六年にも胡錦濤が訪問している。

東隣のコンゴ民主共和国ではコバルトのほかにウランも産出する。このため中国はコンゴ民主共和国にはウラン鉱脈の開発も打診している。そうだ、このコンゴのウランが広島の原爆に使われたのだ。

カタンガ州最大の鉱山は「テンケ鉱山」で、これを操業するコンソーシアム企業は米国系のフリーポート・マクマロン社（本社フェニックス、アリゾナ州）が五八・八％の株主、第二位がランディ社（本社トロント）で二八％。残りを地元企業などが保有する。

突如、中国の「中国モリブデン公司」は、フリーポート・マクマロン社から二六億五〇〇〇万ドルの大金を支払って株式の譲渡を受けたのだ。

とはいうものの米国はカントリー・リスクをコンゴの近未来に見ている。カビル政権の腐敗と圧政が続くかぎりクーデター、政変が不可避的であると睨んでいる。それゆえに米国系企業は中国に株を売り抜けようとしているわけである。米国は「アラブの春」やチェコから始まった「カラー革命」がいずれアフリカ諸国の民主化運動に発展すると踏んでおり、前カタンガ州知事だったカツンビを保護して、カビラ政権崩壊後に備えている。カツンビは現在、ロンドンで事実上の亡命生活を送っている。

あるいはカツンビを使嗾《しそう》して、カタンガ州独立運動を背後で操作するシナリオも検討されているらしく、根底にある米国の戦略は、中国のコバルト独占を許さないという深謀遠慮である。

日本関連で連想するのはレアアース事件だった。

中国の内蒙古自治区と江西省などでしか産出されないレアアースは携帯電話、スマホに不可欠の希少金属で、中国は日本への輸出を規制する挙に出た。理不尽な行動に悲鳴を上げた日本企業は、第一に昭和電工などが中国に工場を建設し現地調達に踏み切ったし、第二に供給先をカザフスタンなどに多角化した。第三に代替材料の研究開発を本格化させ、第四にはレアアースのリサイクル運動を強化した。とくに使い古した携帯電話、スマホの回収は意外に迅速に進み、この結果、中国は当てが外れてレアアースの輸出先が先細り、在庫が急増し、昨今はダンピングで日本に買ってほしいと要請している。逆転である。

中国がもし、コバルトを政治的武器に活用するとしても日本の備蓄は意外と多い。国家による戦略備蓄は二四日分、茨城県高萩の倉庫に備蓄されている。このほか当該企業はそれぞれがコバルト需要が見込まれる分を自社ストックしている。というわけで中国のコバルト独占という野望も、おそらくは絵空事に終わるだろう。

エピローグ――日本を間接侵略せよ

日本の土地が中国に買われている

中国人に論理を求めても仕方がないように思える。論理ではなく詭弁《きべん》を弄するのが大の得意芸であるからには他人が提訴すれば、とんでもないことを逆提訴する癖がある。

二〇一七年八月十五日、トランプ政権は「知的財産権の侵害」について中国企業の調査を開始するとした。

二日後、中国は「新幹線技術、中国の知的財産権が侵害されている」と言い出した。中国の新幹線は日本、フランスから技術導入したことまでは認めるが、「以後は中国が独自に開発した。だから特許侵害だ」という。侵害した国名を名指ししてはいないものの変である。

北朝鮮の核ミサイル問題についても、国連決議に賛成した以上は遵守するのかといえば、石炭の輸入を制限しているだけ、しかもアメリカの怒りを袖《そで》にして「もっと冷静に北朝鮮と話し合いをしなさい」と高みからの説教風なのである。日本の外相との初会合でも河野《こうの》外務大臣に向かって王毅《おうき》は「あなたには失望した」などと上から目線の発言。偉そうに振る舞うのである。

ワシントンビーコン（二〇一七年八月十七日）によれば、中国はハーバード大学に三億六〇〇〇万ドルの寄付をするという。

かつて中国の軍事技術企業の「ＪＴ・キャピタル」がハーバード大学に一〇〇〇万ドルを寄付した。香港の不動産王のロニー・チャンは三億五〇〇〇万ドルを寄付した。いずれも「目的が定かではなく、調査の対象である」と専門家はペンス副大統領に報告している。全米一を謳われる同大学への寄付を通じて、米国のオピニオン・リーダーたちへ中国の影響力を浸透させることが狙い、外交戦略の一環であることは明らかである。

中国の間接的な日本侵略は瞠目《どうもく》に値するほど深化している。

宮本雅史『爆買いされる日本の領土』（角川新書）を読むまで「知らなかった」と驚く日本人が多い。フト気がつけば「北海道は中国の植民地」の一歩手前になっていた。すでに東京ドーム一〇〇〇個分の北海道の土地が中国人に買われてしまった。「北海道は中国の三二番目の省になる」という中国人のあざけりの声が聞こえてきそうだ。

外国人の土地所有は、なぜか日本では合法である。事実上、「経済的侵略」なのだが、防衛感覚が麻痺《まひ》している北海道の行政側にはまるで危機意識がない。そればかりか土地を買ってくれるのは有り難いと歓迎の姿勢なのだ。

北海道のあるゴルフ場への道路標識は中国語で書かれている。「一達国際、私人高爾夫倶楽部」とは「この道をまっすぐ進むとプライベートのゴルフクラブへつながります」という意味である。完全に中国ではないか。星野リゾート・トマムはすでに中国企業に所有権が渡っている。ニトリの子会社が分譲した別荘地は中国人専用となった。自衛隊の千歳《ちとせ》基地周辺も巧妙な偽装で（日本人代理人を借りて登記する）狙われている。

最近の中国の北海道買いの特色はオホーツク海沿岸を無視しており、釧路《くしろ》、帯広《おびひろ》、そして小樽《おたる》、札幌、苫小牧《とまこまい》に集中している。

つまり海のシルクロードの一環として「北極海ルート」の中継地として北海道の港湾が狙われていることになる。

現にアイスランドの北端の土地をリゾート開発すると言って中国人が買い占めようとしたことがある。安全保障上、脅威になるとしてアイスランド政府は認めなかった。しかし北極海航路はすでに中国が開発し、フィンランドへ橋頭堡を構築しようと大プロジェクトを持ちかけている。カナダの北側ルートの航路開発では砕氷船まで派遣している。

日本の土地を買い占める中国企業は日本人を代理人として利用し、あるいは日本現地法人として登録している。香港、シンガポール籍も多いが、これらも中国政府と関係のある華僑企業だろう。「英領バージン諸島」籍もあるが何のことはない、あの「パナマ文書」で明らかにされたように中国共産党高官らの海外ダミー企業である。

「明治から大正にかけて、先人たちが極寒の地を開拓した北海道。だが高齢化、過疎化など、厳しい環境で不動産を手放さなければならない現実がある。その現実を狙ったように中国資本は不動産を求めようとする。『中国人の不動産買収に慣れてしまい、抵抗感が薄れてしまった気がする。先人に申し訳ない気持で一杯だ』。取材した道民の多くがこう話した」と宮本前掲書は危機の現実を提示する。

北海道在住の脚本家・倉本聰《くらもとそう》氏も警告している。

たとえば東京都の場合「一日五二億リットルの水を使っているわけで、この水がどこから来るとかといえば七〇%が利根川水系。残りの三〇%が多摩川、相模川に拠っており、それらの水源となる水源林を（外国人に）伐られたら東京はたちまち干し上がってしまう。下流部に住む人々の暮らしは上流の森に負っている。下流の人々にはそれが見えていない」（『財界』、二〇一七年九月十九日号）。

この恐るべき現実を前に日本政府はいつまで手をこまねいているのか？

そして大量の経済難民がやってくる

「偽装難民」のことは知っていたが「寄生難民」とは新種のたかりだろうか？日本の生活保護の制度を勿怪《もっけ》の幸いと巧妙にたかる「経済難民」は朝鮮人、ついで中国人である。日本に難民申請するのも中国人が一番かと思いきや、近年はネパール、インドネシア、バングラデシュなどが上位を占めている。難民申請はついに一万人を超えた。

日本でも外国人労働者受け入れに前向き、というより発狂的に積極的だったのが財界人である。自民党もこれにならう。日本の伝統とか文化とかの価値がわからない、少子化の穴はこうやって埋めることができるという経済優先の短絡的打算があるからだ。

ドイツの教訓がある。シリア難民に当初優しかったドイツの豹変《ひょうへん》ぶりを見よ。ドイツ経済界は労働力不足を補えると難民を歓迎していた。ところが難民がドイツだけで一〇〇万を超え、しかも彼らがドイツ人女性をレイプする凶悪犯罪が頻発したためメルケルの人気は突如下落した。最初は難民がレイプしている事件をドイツのメディアは報道しなかった。

さすがのドイツもその財政負担と治安の悪化に悲鳴を上げた。それが九月の「ドイツのための選択肢」の大躍進につながった。

アメリカは不法移民一一〇〇万を抱えるが不法滞在がわかれば容赦なく壁の向こう側に追い払っている。

そのうえトランプはメキシコとの国境の壁をさらに高くして、この工事代はメキシコに請求するとした。ついで不法移民の子供たち（ドリーマー）への特別待遇（DACA）を向こう半年で撤廃するので議会はこの対策を考えよ、とした。メディアとカリフォルニア州のIT産業幹部らは人材を失うとして反対しているが、大方のアメリカ人有権者は賛成である。

日本はしかしながら「他人に優しい」、「思いやりの深い」、いや深すぎる国であり、難民はかわいそう、なんとか助けたいと、世界の常識では考えられない他人思いの発想をする。したがって今後も鰻登りに難民が増えるだろう。

不法に日本に来るのは犯罪であり、かわいそうという同情心をまず捨てなければならない。かれらは「避難先の国が自分たちを優遇することを期待し、優遇しなければ優遇させようとしますし、長期滞在すれば生活要領を得てどうしたら避難先で本国人並みの権利や福祉を手に入れることができるか、さらにはどうしたらその決定権を握ることができるかを考え、模索し、実行します。こうして民族団体を押したて、裏社会だけでなく政界まで食い込み、法を制定し、自治体では他の外国人に比して優遇を得る前例をつくり、自らその功績を『特権を勝ち取った』とまで宣言した特定民族がいるじゃありませんか」（坂東忠信『寄生難民』、青林堂）

最近の特徴は「なりすまし旅券」、そのうえ、かれらは手ぶらでやってくる。今後、もし朝鮮半島が有事となっても北朝鮮からの難民が押し寄せることは少ないだろうと専門の坂東忠信氏が予測している。もっとも怖いのは「難民」が正式な「移民」となることである。そして次のイナゴの大群は中国からの「環境難民」であろう。

いったい大量の難民が移民となって日本に定住したら日本はどうなってしまうのか。

リベラルなメディアは難民がかわいそうだから在日特権を取り上げるな、人権を守れと、日本の国益を勘案すれば不利益なことを平然と大声で獅子吼し続けている。日本は国家としての骨格ばかりか、ついには精神の脳幹も侵されてしまった。

ふたたび立ち上がる日があるのか。杞憂《きゆう》は深まる一方である。

【著者プロフィール】
宮崎正弘（みやざき　まさひろ）
評論家
1946年金沢生まれ。早稲田大学中退。「日本学生新聞」編集長、雑誌『浪曼』企画室長を経て、貿易会社を経営。82年『もうひとつの資源戦争』（講談社）で論壇へ。
国際政治、経済などをテーマに独自の取材で情報を解析する評論を展開。中国ウォッチャーとして知られ、全省にわたり取材活動を続けている。
中国、台湾に関する著作は五冊が中国語に翻訳されている。
代表作に『日本が全体主義に陥る日』『日本が在日米軍を買収し第七艦隊を吸収・合併する日』『激動の日本近現代史1852-1941 ——歴史修正主義の逆襲』（ビジネス社）、『中国大分裂』（ネスコ）、『出身地で分かる中国人』（ＰＨＰ新書）など多数。最新作は『西郷隆盛——日本人はなぜこの英雄が好きなのか』(海竜社)。

連鎖地獄

2017年 12 月 1 日　第 1 刷発行
2018年 2 月 1 日　第 2 刷発行

著　者　宮崎正弘
発行者　唐津　隆
発行所　株式会社ビジネス社
〒162－0805　東京都新宿区矢来町114番地
神楽坂高橋ビル5F
電話　03－5227－1602　FAX 03－5227－1603
URL　http://www.business-sha.co.jp/

〈カバーデザイン〉大谷昌稔
〈本文DTP〉茂呂田剛（エムアンドケイ）
〈印刷・製本〉モリモト印刷株式会社
〈編集担当〉佐藤春生〈営業担当〉山口健志

ISBN978-4-8284-1994-7